Psihologie și psihiatrie antică pentru lumea modernă

Cuprins

Farhad Pourgolafshan

ISBN: Copertă moale 9798227364333
Carte electronică 9798227829450

DEDICAȚIE

Dedicat tuturor celor care încearcă să fie o mână vindecătoare pentru ceilalți.

CAPITOLUL I

Introducere

"Sunt metodele și tratamentele din psihologia antică aplicabile?”

Devreme în viaţă m-am confruntat cu moartea prematură a unor prieteni şi rude şi suferinţele altora din cauza unor boli cronice pentru care medicina modernă nu avea niciun tratament sau leac real. Astfel de experienţe au lăsat întotdeauna o impresie profundă asupra mea, ceea ce a dus la un interes tot mai mare pentru căutarea unor soluţii care nu sunt oferite de medicina convenţională (majoritară şi modernă, spre deosebire de cea tradiţională), ştiind că nu există leac pentru moarte.

Mai târziu, când alţi membri ai familiei s-au îmbolnăvit, medicina convenţională nu a putut să le ofere decât tratamente de gestionare simptomatică care foloseau medicamente cu efecte secundare controversate pe termen lung. Interesul meu de a-i ajuta pe cei bolnavi şi dorinţa de a găsi tratamente alternative sigure, dar eficiente, au reapărut. De data aceasta însă, rudele bolnave aveau acces la un sistem de medicină tradiţională, numit medicina tradiţională chineză (MTC). Atunci când au fost folosite tehnicile MTC, rudele mele s-au vindecat într-un timp foarte scurt.

Pentru mine, aceste observaţii au fost un indiciu că ar putea exista şi alte sisteme de medicină cu tratamente şi metode eficiente. Revizuirea literaturii de specialitate sprijină puternic acceptarea tratamentelor MTC, în special a acupuncturii în America de Nord. De exemplu, Reich-Hale, (1998) oferă câteva statistici interesante: *"Potrivit lui Kittner, industria de îngrijire alternativă a sănătăţii a crescut la aproximativ 22 miliarde de dolari pe an"*. Marber oferă informaţii similare în articolul său:

Multe organizaţii de îngrijire administrată încep să construiască o reţea de furnizori de medicină complementară şi alternativă (CAM) pentru a îmbunătăţi prevenirea bolilor, bunăstarea şi pentru a se diferenţia.

Conform unui raport publicat în Journal of the American Medical Association, numărul americanilor care folosesc CAM a crescut la 83 de milioane în 1997, de la 61 de milioane în 1990 în 1997 s-au cheltuit 33 de miliarde de dolari pe produse şi servicii CAM Ca urmare, guvernul a creat Centrul Național pentru Medicină Complementară, cu un buget anual de 50 de milioane de dolari. (Marber, 2000, p.35).

Dworkin, nu numai că oferă statistici similare, dar merge mai departe și descrie rolul Centrului Național pentru Medicină Complementară și Alternativă ca fiind: *"principalele obiective ale centrului sunt evaluarea siguranței și eficacității produselor naturale, sprijinirea studiului științific al acestor produse și evaluarea practicilor care le pun în aplicare. "* (Dworkin, 2001, p.39).

Investigații suplimentare și interviuri cu practicieni de medicină tradițională au scos la iveală un fenomen îngrijorător: aproape toate cazurile ajungeau la practicienii tradiționali după ce toate celelalte eșuaseră și, evident, până atunci toate acestea erau cazuri dificile, altfel medicina modernă le-ar fi rezolvat. Acest fenomen a ridicat o întrebare importantă în mintea mea: de ce acești pacienți caută ajutor de la medicina tradițională atunci când aproape toate celelalte au eșuat?

O altă problemă este că cele mai dificile și mai provocatoare cazuri, în afară de cancer, au rămas a fi ceea ce, conform DSM-V (Manualul de diagnostic și statistică a tulburărilor mentale), se numește: tulburări psihologice și mentale. Acești pacienți apelează la medicina tradițională adesea ca ultimă soluție, deoarece se îndoiesc de calitatea acesteia. În general, în majoritatea țărilor și statelor, nu există încă o reglementare guvernamentală și un control de calitate asupra medicinei tradiționale, confuzia fiind larg răspândită atât în rândul profanilor, cât și al profesioniștilor cu privire la ceea ce funcționează și cine este un practician calificat. Această lipsă de reglementare, la rândul său, nu reușește să garanteze calitatea îngrijirii pe care o primesc pacienții, iar serviciile de proastă calitate se reflectă asupra întregului corp al medicinei tradiționale. Deși problema pare temporară și limitată la anumite regiuni geografice, poate servi ca o indicație a pagubelor suferite de medicina tradițională de-a lungul mai multor decenii, dacă nu chiar secole. De asemenea, nu există nicio agenție puternică care să susțină medicina tradițională, în timp ce instituția bine stabilită și puternică a medicinei moderne a dat la o parte aceste școli de medicină tradițională ca fiind "șarlatanii" timp de mai bine de un secol. Jaroff oferă un exemplu remarcabil:

St. John's Worth(sunătoare), o plantă despre care se pretinde a fi remediul sigur pentru tulburările depresive:

„Nimeni nu a fost mai puțin surprins de știrile despre sunătoare decât Stephen Barrett, 67 de ani, un psihiatru pensionar din Allentown, Pennsylvania, care, timp de aproape 30 de ani, și-a făcut o meserie din adulmecarea fraudelor, modei, miturilor și falsurilor legate de sănătate. Prin intermediul buletinelor informative, al cărților și acum prin intermediul World Wide Web, a devenit unul dintre cei mai importanți dezmințitori americani a ceea ce îi place să numească 'șarlatanie'.

Cu mult timp în urmă, Barrett a renunțat la sunătoare ca tratament pentru depresia severă, postând o analiză imparțială a dovezilor pro și contra pe site-ul său, www.quackwatch.com, alături de respingeri similare ale unor năstrușnici precum polenul de albine, jeleul regal și "oxigenul stabilizat". Site-ul său - plin de linkuri utile, note de precauție și eseuri despre tratamente care variază de la aromaterapie la crema de yam sălbatic - este citat pe scară largă de către doctorii și scriitorii de articole medicale și atrage 100.000 de vizite pe lună. De asemenea, a făcut din Barrett un paratrăsnet pentru fitoterapeuți, homeopați și credincioși adevărați, care îl defăimează în mod regulat ca fiind necinstit, incompetent, bătăuș și nazist. " (Jaroff, 2001) Un alt motiv pentru care oamenii apelează la medicina tradițională în ultimă instanță este confuzia. Se aude vorbindu-se de medicină alternativă/ complementară/antică/medicină tradițională folosită în mod reciproc, ca și cum ar fi sinonime, de exemplu, unii promotori ai acestor așa-zise medicamente alternative fac firmații că ar avea leac pentru orice. Multe tratamente se pretind a fi un leac străvechi pentru o boală sau pentru toate bolile, iar lista este în creștere. Această problemă este complicată și mai mult de lipsa unei cercetări clinice extinse privind tratamentele psihologice tradiționale. Semnificația unor astfel de probleme constă în faptul că oportuniștii, inclusiv unii medici, profitând de această confuzie răspândită, în încercarea de a obține un câștig rapid, inventează afirmații pentru un astfel de remediu natural sau tratament antic. În mod frecvent, astfel de afirmații eșuează, uneori după ce le fac rău pacienților prin tratamente inadecvate sau toxice. Aceste eșecuri sunt apoi folosite de adversarii medicamentelor tradiționale pentru a le discredita pe toate. Articolul lui Jaroff (2001) este un exemplu foarte bun de medic care încearcă să le facă oamenilor un mare serviciu prin demascarea fraudelor. Însă, în același timp, fără a avea o educație și o pregătire formală în medicina tradițională, comite eroarea obișnuită și gravă de a grupa tot ceea ce se află sub soare în afara medicinei moderne ca fiind medicină alternativă și o etichetează drept "Quackery", continuă Jaroff: *"Nimic din toate acestea nu pare să îl descurajeze pe Barrett, care a demascat afirmațiile false despre sănătate încă de la sfârșitul anilor 1970, când a început să analizeze anunțurile de vânzare prin poștă din reviste naționale referitoare la sănătate și a descoperit că niciuna dintre ele nu se ridica la înălțimea afirmațiilor lor. Constatările sale au determinat adoptarea unei legi care autorizează guvernul federal să aplice sancțiuni de 25.000 de dolari pe zi pentru cei care recidivează în materie de comenzi prin poștă. Marea sa descoperire - sau, cum o numește el, "primul său Babe Ruth" - a apărut în 1985, când a atacat industria de analiză a părului. El a trimis mostre din capetele a două fete sănătoase la 13 laboratoare care susțineau că pot măsura nevoile nutriționale pe baza unei analize științifice a părului unei persoane. Rapoartele erau atât de nefondate și de contradictorii încât raportul său de dezmințire a fost publicat în Journal of the American Medical Association și preluat de presa națională. "A lăsat industria de analiză a părului cu oul pe față", spune Barrett. "Jumătate de laboratoarele s-au închis." Au urmat alte momente Babe Ruth, dar niciunul nu a fost mai satisfăcător pentru Barrett decât publicarea în 1998 în J.A.M.A. a unui raport al lui Emily Rosa, o fetiță de 11 ani din Colorado care, pentru un proiect științific școlar, a conceput un test simplu de atingere terapeutică. Aceasta a demonstrat că practicanții nu au fost capabili să detecteze "câmpul energetic uman" pe care se bazează tehnica lor. Auzind de proiectul lui Emily, Barrett a ajutat la editarea unui raport, l-a publicat și a fost recompensat cu o acoperire mediatică la nivel mondial. Barrett este subestimat de celebritățile New Age din ziua de azi. Dr. Andrew Weil, de exemplu, este "foarte șmecher, dar face remarcabile erori și nu recunoaște aproape niciodată că este vorba de șarlatanie. Eu îi spun "rățușca de cauciuc"." Pe Deepak Chopra îl desființează ca fiind un furnizor de"mumbo jumbo ayurvedic".(Chopra, la rândul său, îl numește pe Barrett "un justițiar autoproclamat pentru suprimarea curiozității") și chiropracticienii au simțit înțepătura lui Barrett. Deși vede beneficii în manipularea chiropractică, el se întreabă despre "o întreagă profesie bazată pe o idee - subluxațiile - care nu este adevărată". El deplânge în special faptul că unii chiropracticieni pretind că manipulările lor pot trata boli infecțioase și prescriu remedii homeopate, pe care le consideră lipsite de valoare Barrett s-a retras din practica sa psihiatrică în 1993 pentru a se dedica cu normă întreagă la combaterea șarlatanilor. Pe parcurs, și-a perfecționat abilitățile de comunicare și acum se consideră un jurnalist de investigație care profită din plin de puterea internetului. "În urmă cu 20 de ani, aveam probleme în a-mi transmite ideile către mass-media", spune el: "Astăzi eu sunt mass-media".* (Jaroff, 2001)

Într-o abordare diferită, Lamarine (2001) subliniază că:

"Pacienții combină adesea terapiile alternative și convenționale, apoi atribuie rezultatele benefice terapiei greșite . . . . Se întâmplă adesea să existe raționamente de genul: "Ce este rău în a folosi terapia alternativă? Cine știe, poate că va ajuta?"... ". El continuă să discrediteze toată medicina alternativă: "Acest tip de gândire simplistă trece cu vederea mai multe pericole semnificative asociate cu utilizarea medicinei alternative, definite ca terapii nedovedite, netestate sau infirmate." (p.116)

El continuă să definească aceste pericole. Ceea ce Lamarine nu observă este că unele dintre aceste terapii, cum ar fi tratamentele MTC, sunt folosite de mii de ani și testate clinic pe pacienți umani în China,

Japonia, Taiwan, Coreea și multe alte părți ale Orientului Îndepărtat, pe ceea ce reprezintă acum un sfert din populația Pământului; deși nu au urmat protocoalele de studiu dublu orb în cercetarea lor clinică până acum câteva decenii (a se vedea mai jos, Istoria MTC, pentru referințe). Tratamentele tradiționale ale tulburărilor psihologice sunt mult mai puțin cunoscute în Occident în comparație cu tratamentele pentru afecțiunile predominant fizice. Pacienții psihologici caută aproape întotdeauna tratamente tradiționale numai după ce au trecut prin toate tratamentele convenționale, ceea ce, la rândul său, face ca tratamentul lor prin metode tradiționale să fie mult mai dificil din mai multe motive:

- de multe ori, utilizarea regulată a tratamentelor convenționale creează efecte secundare pe termen lung, ceea ce complică modelul bolii, făcând-o astfel mai dificil de tratat. Consultați orice carte-sursă a farmacopeei pentru contraindicații și efecte secundare ale medicamentelor moderne, desigur, ceea ce este listat este atât cât se știe până acum. Evoluția bolii este prelungită, ceea ce complică și mai mult boala, ceea ce duce la o durată mult mai lungă a tratamentului prin metode tradiționale traducându-se prin costuri mai mari de tratament.

- lipsa unor referințe extinse și a unor cercetări clinice în domeniul medicinii tradiționale, în general, și psihologia tradițională, în special, în Occident, influențează negativ încrederea pacienților și probabilitatea ca aceștia să apeleze la astfel de tratamente.

Potrivit unui sondaj realizat pentru American Demographics (Fetto,2001), Fetto prezintă concluziile astfel:

"Motivul numărul unu pentru care oamenii spun că sunt speriați de medicina alternativă este posibilitatea unor efecte secundare necunoscute, citat de 65 % dintre cei chestionați. Iar 51 la ută dintre americani spun că sunt descurajați de lipsa dovezilor științifice privind eficiența acestor tratamente. Gospodăriile cu copii sunt împărțite aproape în mod egal dacă ar lua sau nu în considerare un tratament alternativ pentru copiii lor (53 la sută spun că ar face-o și 47 la sută spun că nu ar face-o). Starea

de sănătate poate indica, de asemenea, dacă este sau nu probabil ca o persoană să caute un tratament medical alternativ. Doar 32% dintre toți respondenții spun că, dacă ar fi diagnosticați cu o boală care ar fi ușor de tratat cu medicamente tradiționale, ar lua probabil în considerare posibilitatea de a căuta remedii alternative. Patruzeci la sută spun că ar fi mai puțin probabil să facă acest lucru. Cu toate acestea, dacă ar fi diagnosticați cu o boală complexă, potențial fatală, procentul americanilor care spun că s-ar interesa probabil de medicina alternativă aproape că se dublează, ajungând la 60 la sută. Doar 11 la sută spun că ar fi mai predispuși să apeleze la astfel de tratamente într-o perioadă de sănătate generală bună. După cum spune proverbul: dacă nu este stricat." (Fetto, 2001, p.11)

O altă problemă serioasă este că pacienții care caută tratamente tradiționale încearcă adesea în același timp orice altceva care pretinde a fi un tratament antic sau natural/pe bază de plante. Acest lucru reprezintă un mare risc pentru ei, deoarece există multe otrăvuri naturale și plante toxice, iar unele combinații naturale pot fi la fel de bine foarte toxice. (Lamarine, 2001).

Raționament

Prin încercarea de a identifica un set de criterii care ar putea servi drept standard în acceptarea unui set de tratamente străvechi ca fiind "tradiționale", se poate contribui la eliminarea confuziei și la oferirea unor tratamente practice pentru tulburările psihologice.

Interesul meu personal este acum de a căuta tratamente și metode oferite de psihologia tradițională pentru a extinde gama de tratamente și metode aplicabile tulburărilor mentale și psihologice.

Cu toate acestea, înainte de a se lansa în această sarcină, trebuie să se răspundă la o întrebare fundamentală: "Dacă școlile de medicină tradițională aveau tratamente eficiente pentru boli în general, și pentru tulburările psihologice în special, care ar putea fi de folos astăzi, atunci de ce nu au fost folosite timp de aproape un secol? De ce au fost scoase în afara legii și au fost - și încă mai sunt, de către unii - considerate șarlatanii, neștiințifice etc. ? Această lucrare a căutat

răspunsul atât din perspectivă istorică, cât și filosofică.

Scopul acestei lucrări este de a încerca să identifice sisteme coerente și fiabile de medicină tradițională, precum și tratamentele și metodele acestora, în speranța că acest lucru va contribui la eliminarea confuziei actuale sau, cel puțin, la minimizarea acesteia. Acest studiu a examinat, de asemenea, dacă se poate stabili o legătură între conceptele și terminologia psihologiei tradiționale și a celei moderne.

Există două provocări majore cu care se confruntă un astfel de studiu. În primul rând, există lipsa unor practicieni autentici de psihologie tradițională în Occident sau marea dificultate de a-i identifica și localiza. De fapt, medicina tradițională chineză (TCM) și Ayurveda sunt singurele practici tradiționale de medicină care au supraviețuit atacurilor puternice asupra medicinei tradiționale, așa cum se arată pe parcursul acestui studiu. În al doilea rând, există o gamă largă de tulburări mintale și psihologice care există, de la simplele atacuri de anxietate la tulburări obsesiv-compulsive, la manie, isterie și în cele din urmă schizofrenie. Prin urmare, studiul s-a bazat în mare măsură pe texte și documente create de sistemele tradiționale de medicină și a limitat gama de tulburări psihologice care sunt investigate.

Este necesar să se definească psihologia tradițională, ceea ce poate necesita definirea medicinei tradiționale, care pare a fi sursa acesteia. Această sarcină va fi întreprinsă în cadrul analizei literaturii de specialitate. Cu toate acestea, vom cerceta mai întâi întrebarea fundamentală: de ce tratamentele Tradiționale - cel puțin majoritatea lor - nu au mai fost utilizate pe scară largă? Explorarea răspunsului la astfel de preocupări și pentru a vedea când și de ce astfel de sisteme de medicină și tratamentele lor par să fi fost uitate sau depășite, este sarcina asumată în capitolul următor. După analiza literaturii de specialitate, este explicată natura istorică a metodei studiului, urmată de noi traduceri originale și recenzii ale documentelor istorice și, în final, de un rezumat al temelor și constatărilor.

CAPITOLUL II

Revizuirea literaturii

GRAZIANO ȘI RAULIN (1999) afirmă că, deși originea științei poate părea evazivă, istoria științei și filozofiei poate fi studiată încă din anul 6000 î.Hr. Potrivit relatării lor, H. Ebbinghaus, un psiholog german timpuriu, contrastează această lungă înregistrare istorică cu observația că: "psihologia are un trecut lung, dar doar o istorie scurtă", în timp ce psihologia are doar 150 de ani de istorie ca știință independentă, a făcut parte din filosofie în ultimii 2000 de ani (Graziano & Raulin, 1999). Inițial, se poate părea că revizuirea literaturii pentru acest studiu ar trebui să se limiteze la literatura filosofică care nu depășește 150 de ani, totuși nu toată lumea este de acord. În "Căutarea psihologică: de la Socrate la Freud", Mujeeb-ur-Rahman (1990) afirmă: *"Trăim într-o epocă istorică, al cărei simptom major este amnezia istorică. Schimbările rapide din toate sferele vieții ne-au afectat memoria, ne-au încețoșat, dacă nu chiar ne-au șters, simțul trecutului și au făcut ca viitorul însuși să fie incert. Prin urmare, anxietatea noastră, precum și obsesia noastră pentru tinerețe. În timp ce viitorul nostru incert a creat această epocă de anxietate, somnul nostru istoric ne-a lăsat într-un sentiment de tinerețe perpetuă - ca Endymion. Intelectualii au fost printre cei care au devenit victime ale unei astfel de amnezii istorice; ele au devenit oglinzi care reflectă tendințele sociale, mai degrabă decât să rămână faruri care luminează moștenirea noastră intelectuală. Psihologia nu numai că a căzut victimă acestei tendințe larg răspândite, dar chiar a făcut un punct de onoare din a-și scurta în mod arbitrar istoria printr-o simplă jonglerie de cuvinte care a devenit de atunci atât de evidentă în munca jargonizată a evidentului. Faptul că "psihologia are un trecut îndepărtat, dar numai o istorie scurtă" este un exemplu de astfel de jonglerie, deși a fost aparent un mod inteligent de a rezuma starea științei artei în primul deceniu al secolului actual.*

Cu toate acestea, etichetarea sa drept trecut și ignorarea lui sau aducerea unui omagiu sumar au subminat vitalitatea psihologiei, pe care numai rădăcinile sale filosofico-literare ar fi putut să o furnizeze. " (Mujeeb-ur-Rahman, 1990,p.4-5).

În afară de obiecția de mai sus, alte două posibilități se prezintă în acest moment. În primul rând, tulburările psihologice și tratamentele lor, împreună cu tehnicile de diagnosticare, ar fi putut exista în mai multe școli tradiționale de medicină, care sunt încă vii și funcționale astăzi. În al doilea rând, pot exista întotdeauna școli "tradiționaliste" de psihologie care poartă cu ele unele tehnici antice în timpurile moderne. Prin urmare, analiza literaturii de specialitate va include și ultimele două posibilități. În revizuirea literaturii care urmează, poate apărea necesitatea de a identifica alte caracteristici de calificare pentru ceea ce ar putea fi considerat psihologie tradițională. Revizuirea literaturii de specialitate va fi astfel grupată în mai multe categorii:

1- istorică, pertinentă pentru psihologia și medicina tradițională și divizarea sau lipsa sprijinului în știința / medicina occidentală;

2- filosofic, pertinent pentru psihologia și medicina tradițională, inclusiv literatura recentă (ultimii 150 de ani) care pretinde că încorporează, are legături cu sau reînvie psihologia tradițională;

3- discuții specifice despre diagnosticarea și tratamentul tulburărilor psihologice în Medicina tradițională din întreaga lume.

Toate grupurile de mai sus sunt în continuare împărțite, în abordarea tulburărilor psihologice, în trei grupuri:

a) sisteme care se bazează în principal pe diagnosticarea somatică și tratamentul tulburărilor psihologice;

b) sisteme care utilizează în principal tratamente filosofice, de consiliere și non-medicinale ale tulburărilor psihologice;

c) sisteme care combină cele două modalități de mai sus.

De ce medicina tradițională părea să fi devenit depășită?

Contextul istoric

Se pare că de fiecare dată când se face o afirmație pentru începutul științei, apare o descoperire arheologică care împinge acea dată mai înapoi. Acceptând că "știința este un proces de cercetare, formularea de întrebări specifice și apoi găsirea răspunsurilor" (Graziano &; Raulin, 1999), atunci o pictură rupestră veche de 10.000 de ani ar putea fi manualul științific al acelor oameni ai peșterilor, folosit în predarea științelor timpului lor. Faptul că nu le cunoaștem semnificațiile nu ne permite să le etichetăm pur și simplu ca fiind doar opere de artă, deoarece arta, știința și tehnologia au fost inseparabile în cele mai vechi timpuri (Graziano &; Raulin, 1999). Multe învățături antice au fost transmise oral și în secret, ca la pitagoreicii din Grecia antică (Murphy, 1968), iar scrierea a fost considerată o necesitate dacă fie aceste cunoștințe erau importante pentru bunăstarea publicului, fie nu se găsea imediat nicio persoană calificată pentru a primi și continua aceste cunoștințe. Un sinopsis foarte util al istoriei medicinei este prezentat în lucrarea lui McGirr și Stoddart (1991): *„Schimbările în gândirea și cultura europeană care au început cu Renașterea secolului al 15-lea și au culminat cu secolul al 18-lea Iluminismul secolului s-au reflectat în dezvoltarea ideilor medicale în aceeași perioadă ... Creșterea interesului pentru cercetare și investigație, care a avut loc în secolul al 15-lea, este cunoscută istoricilor artei și filozofiei ca Renaștere. Acest lucru a fost legat de un acces nou dobândit la literatura clasică, iar medicii, ca și alții, au citit și interpretat pentru ei înșiși lucrările filosofilor greci. Grecii au conceput medicina atât ca știință, cât și ca artă și i-au dat principiile și etica. A existat școala lui Hipocrate (c. 460-357 î.Hr.) și școala lui Galen (131-201 d.Hr.). Medicina greacă în una sau alta dintre formele sale a fost dominantă de-a lungul Evului Mediu. Cu toate acestea, odată cu* *debutul Renașterii, noul spirit umanist și-a supus principiile și practica examinării și provocării. De atunci, "prezentările generale" filosofice grecești și medievale despre Dumnezeu și om au fost înlocuite progresiv de gândirea empirică a umanismului – un proces prelungit și dureros care a durat toți cei 400 de ani. În Renaștere, medicina modernă, ca și punctul de vedere modern în general, a avut primele sale începuturi ... Paracelsus (1490-1541) a fost unul dintre primii care au contestat tradiția medicală greacă. Curând după aceea, matematica raționalistă a lui Galileo (1564-1642) a înlocuit numerele simbolice ale lui Pitagora (secolul al VI-lea, î.Hr.), iar raționamentul inductiv al lui Bacon (1561-1642) a înlocuit raționamentul deductiv al lui Platon și Aristotel. Prima lovitură cu adevărat decisivă împotriva sistemului grecesc de medicină a venit însă odată cu descoperirea de către Harvey (1578-1657) a circulației sângelui. Aceasta a fost cea care a sunat în cele din urmă clopotul de moarte al sistemelor hipocratice și galenice.* "(McGirr, și Stoddart, 1991, p.24)

În contextul acestei lucrări, trei evoluții istorice în știință par a fi de o importanță deosebită în modelarea medicinei moderne și a atitudinilor față de antică: Renașterea și mai departe, darwinismul și revoluția industrială.

1-Renașterea și mai departe

Potrivit lui Graziano și Raul (1999), deși Renașterea a început în Europa secolului al 17-lea, știința occidentală modernă, ca un mod de gândire care reunește elemente atât ale raționalismului, cât și ale empirismului, nu a apărut ca o instituție pe deplin independentă până în secolul al 19-lea. În prima parte a Renașterii, fondatorii științei occidentale moderne, aparent din frică, au rămas în slujba bisericii. Este important de notat că din secolul al 17-lea până în secolul al 19-lea, restul lumii, inclusiv Bagdadul (centrul islamic pentru știință, filozofie și teologie), India și China nu au împărtășit nici punctele de vedere revoluționare ale susținătorilor Renașterii, nici ostilitatea lor generală față de teologie și metafizică. Ei își desfășurau activitatea ca de obicei, urmărind descoperiri și inovații tehnologice. McGirr și Stoddart subliniază liderii influenți ai revoltei renascentiste:

„revoluția în gândire la care tocmai ne-am referit a fost de lungă durată și s-ar putea spune că a culminat în "Epoca Luminilor" din secolul al 18-lea, ai cărei reprezentanți de frunte – Voltaire, Rousseau, Montesquieu etc. – au fost colaboratori la Enciclopedia lui Diderot și d'Alembert, care a dat expresie ideilor anti-clericale și anti-monarhice care aveau să inspire în curând revoluția franceză. Cât de importantă a fost această mișcare este indicată de faptul că majoritatea ideilor revoluționare propagate pentru prima dată de enciclopediile secolului al 18-lea sunt credințele ferme ale omului obișnuit de astăzi. " (McGirr și Stoddart, 1991, p.24)

Tocmai această ostilitate față de religie, în general, în Europa secolului al 19-lea a determinat comunitatea științifică să accepte teoria evoluției lui Darwin, în timp ce aceeași comunitate respinsese anterior teorii similare, una fiind cea a lui Erasmus Darwin, bunicul lui Darwin.

2- Darwinismul

Care este relevanța darwinismului pentru acest studiu? Ar trebui să ne amintim că prima sarcină a studiului este de a afla de ce medicina tradițională a devenit aparent depășită în timp ce medicina modernă a prosperat. Va fi nevoie de discuții îndelungate pentru a arăta că unul dintre lucrurile care separă aceste științe este acceptarea sau respingerea darwinismului ca "instrument interpretativ" pentru înțelegerea datelor biologice. Medicina modernă a acceptat darwinismul, în timp ce medicina tradițională l-a respins.

De exemplu, atunci când datele biologice afirmă că:

> *„Dacă teaca de mielină a unui axon se deteriorează, semnalele sale nu pot fi transmise eficient. Pierderea controlului muscular observată cu boala sclerozei multiple se datorează degenerării tecilor de mielină."* (Weiten, 2001, p.77)

O școală tradițională de medicină, cum ar fi MTC, trebuie să înțeleagă, în primul rând, fiziologia tecilor de mielină și relația sa cu teoriile sale "Yin-Yang" și "Zhang-Fu". În al doilea rând, MTC trebuie să înțeleagă etiologia și patologia tecilor de mielină în lumina propriilor teorii, înainte de a putea oferi criterii de diagnostic și, în consecință, un tratament. În "Probleme conceptuale în cercetarea originilor umane moderne" (Wolpoff, 1975, p.15) se citează: "Datele nu vorbesc de la sine. Am fost în camere cu date și am ascultat foarte atent. Nu au spus niciodată un cuvânt." (Clark A și Wilermet M., 1997, p.1)

Un alt motiv important pentru care acest studiu analizează darwinismul este relația puternică dintre darwinism, progresism și "întreprinderea de cercetare", așa cum se arată mai jos în acest capitol. Această conexiune a oferit medicinei moderne un avantaj complet în ceea ce privește finanțarea față de științele tradiționale.

Unii oameni de știință moderni ne spun că darwinismul a fost bine acceptat de comunitatea științifică ca o teorie validă. Ceea ce urmează este un eșantion foarte mic, de dovezi contrare, deoarece nu acesta este punctul central al studiului. De fapt, potrivit lui Hitching (1982), darwinismul este mai în dificultate acum decât oricând:

> *„Cu toate acestea, în ciuda acceptării sale în lumea științifică ca marele principiu unificator al biologiei, darwinismul, după un secol și un sfert, se află într-o cantitate surprinzătoare de probleme. . . . Darwinismul (sau neo-darwinismul, versiunea sa modernă) este o teorie care încearcă să explice evoluția. Contrar credinței generale și în ciuda eforturilor foarte mari, nu a fost dovedită."* (Hitching, 1982, p.12, 15)

O altă atestare a faptului că darwinismul nu a reușit să rezolve problema originii umane vine de la Clark și Willermet (1997), care, spre deosebire de empiriștii stricți, nu dau vina pentru acest eșec pe date insuficiente, ci mai degrabă, convingător, pe tradițiile intelectuale ale oamenilor care interpretează datele:

„Opinia noastră este că principalul motiv pentru care problema originilor umane moderne nu a fost rezolvată după mai mult de un secol de cercetare este că savanții implicați – arheologi, paleontologi umani, biologi moleculari – sunt în principal empiriști stricți, relativ nepreocupați de epistemologie. Credem că nu au făcut-o, deoarece oamenii de știință implicați în cercetarea MHO (Modern Human Origin) aparțin unor tradiții intelectuale diferite, care, la rândul lor, pornesc de la ipoteze diferite despre cum a fost trecutul uman îndepărtat." (Clark și Willermet, 1997, p.5)

Pentru a vedea la ce tradiție intelectuală se referă, în primul articol pe care îl produc, creaționismul și creștinismul sunt învinuite, ca una dintre cauze, pentru eșecul oamenilor de știință moderni în rezolvarea problemei originii umane:

„Reiterând argumentele lui Hrdlicka de acum cca. 60 de ani, el concluzionează că punctul de vedere înlocuitor derivă în cele din urmă din ipotezele creaționiste și esențialismul tipologic al creștinismului medieval." (Clark și Willermet, 1997, p.9)

Aici vedem presupunerea falsă ascunsă în acest prim articol. Articolul presupune că toți oamenii de știință implicați în MHO, dintre care mulți provin din alte tradiții (necreștine) din întreaga lume, cred, de asemenea, în esențialismul tipologic; prin urmare, presupunând că și alte tradiții cred în esențialismul tipologic al creștinismului medieval. O astfel de credință nu ar fi putut fi falsificată la scară globală de vreo conspirație, cunoscând tehnologiile mass-media disponibile lumilor antice.

Spetner (1997), în cartea sa "Nu întâmplător", scrie:

> *„Am studiat implicațiile întâmplării asupra evoluției timp de mulți ani și am găsit contradicție după contradicție, dificultate după dificultate, cu neo-darwinismul."* (Spetner, 1997, p.viii)

Cu darwinismul și neo-darwinismul, ceea ce ridică o problemă este: în primul rând, ideea mutației trans-specii, prin care o specie se dezvoltă dintr-o specie complet diferită; în al doilea rând, ideea de selecție naturală. În primul rând, problema mutației trans-specii: deși ar putea exista dovezi ale mutațiilor în cadrul unei specii, lumea încă așteaptă o singură dovadă a mutației unei specii în alta, deoarece "veriga lipsă" încă lipsește, iar căutarea acesteia continuă:

> *„Și principalele evoluții evolutive din lumea animală au fost: organisme unicelulare, nevertebrate multicelulare, pești cu coloană vertebrală, amfibieni, reptile, mamifere și păsări. Înregistrările fosile arată cu ușurință această succesiune de forme, iar Darwin a sperat că va face mai mult. El credea, și a rămas înțelepciunea convențională, că aceste etape erau legate între ele. Peștii s-au transformat în amfibieni, amfibienii s-au*

transformat în reptile, reptilele s-au transformat în păsări și așa mai departe, mai mult, Darwin era convins că acest proces s-a întâmplat puțin câte puțin – "îmbunătățirile" minuscule din generațiile succesive au dus treptat la apariția unor noi specii. În mod logic, atunci, înregistrările fosile ar trebui să arate această progresie impunătoare. Dar nu este așa. De fapt, lucrurile stau exact invers, după cum s-a plâns Darwin însuși: trebuie să fi existat nenumărate forme de tranziție, dar de ce nu le găsim încorporate în nenumărate numere în scoarța pământului?" (Hitching, 1982, p.16-7)

Darwin însuși a scris:

„Numărul soiurilor intermediare, care au existat anterior pe pământ, trebuie să fie cu adevărat enorm. Atunci de ce nu este fiecare formațiune geologică și fiecare strat plin de astfel de legături intermediare? Geologia cu siguranță nu dezvăluie nici un astfel de lanț organic fin gradat; Și aceasta, probabil, este cea mai evidentă și mai gravă obiecție care poate fi adusă împotriva teoriei mele. Charles Darwin, Originea speciilor, 1859." (Hitching, 1982, p.11)

În anii șaizeci, Murphy (1968) a servit ca președinte de psihiatrie la Fundația Meninger și președinte al Societății Americane pentru Cercetare Psihică. În "Gândirea psihologică de la Pitagora la Freud", el afirmă:

„Problema principală pentru biolog a fost transmutarea speciilor, capacitatea speciilor de a se dezvolta din alte specii, mai degrabă decât să apară independent o dată pentru totdeauna, ca în povestea creației din Cartea Genezei. Problema fusese recunoscută, dar nu rezolvată, de antici. Ca și în cazul lui Lucrețiu, noile doctrine evoluționiste par să

se preteze la o formă poetică. Buffon, la mijlocul secolului al XVIII-lea, a speculat poetic despre evoluție; iar la începutul secolului al XIX-lea, Erasmus Darwin, bunicul lui Charles Darwin, a făcut o lovitură îndrăzneață similară într-un poem intitulat "Zoonomia". Biologii francezi și britanici au argumentat, neconvingător, pro și contra, mulți dintre ei văzând cum un principiu evoluționist le-ar clarifica subiectul. Marele Cuvier, fondatorul anatomiei comparative, a respins principiul evoluționist pur și simplu pentru că nu existau suficiente dovezi.„ (Murphy, 1968, p.122-123).

Într-un site popular (Moran, 1993-1997) care conține informații despre evoluție, Gould este citat ca:

„Gould afirmă punctul de vedere predominant al comunității științifice. Cu alte cuvinte, experții în evoluție consideră că este un fapt."

Moran (1993-1997) continuă: *„Aceasta nu este o idee care a provenit de la Gould, așa cum indică următorul citat din Dobzhansky (1973):*

Permiteți-mi să încerc să clarific ceea ce este stabilit dincolo de orice îndoială rezonabilă și ceea ce necesită studii suplimentare despre evoluție. Evoluția, ca proces care a avut loc întotdeauna în istoria pământului, poate fi pusă la îndoială numai de cei care ignoră dovezile sau sunt rezistenți la dovezi, din cauza blocajelor emoționale sau a bigotismului pur. Prin contrast, mecanismele care aduc evoluția au cu siguranță nevoie de studiu și clarificare. Nu există alternative la evoluție în istorie care să reziste examinării critice. Cu toate acestea, învățăm în mod constant fapte noi și importante despre mecanismele evolutive.„ (Dobzhansky, 1973)

După cum putem vedea, unii oameni de știință recurg la apelative pentru a-i convinge pe cei care solicită o singură dovadă definitivă asupra unei specii care evoluează dintr-o altă specie complet diferită. Simpla acumulare de fapte istorice care indică o anumită apariție cronologică a diferitelor specii nu echivalează în niciun fel cu dovezi privind mutația trans-specii, ceea ce Dobzhansky (1973) numește aparent mecanismele evoluției.

În al doilea rând, problema selecției naturale. Maleuvre (2001) analizează agumentele darwiniștilor și anti-darwiniștilor după cum urmează:

> *„Interesul meu aici este să iau în considerare obiecțiile împotriva darwinismului, nu cele care provin din protestele religioase care nu știu nimic, ci cele înrădăcinate în filozofie. Aceste obiecții susțin că, departe de a oferi o teorie convingătoare, darwinismul își subminează propria autoritate științifică și chiar se respinge pe sine – că ne ia rațiunea de a o crede. Oponenții viziunii darwiniste asupra lumii le place să sublinieze că marele naturalist însuși avea motive să se îndoiască de propria credibilitate. "La mine", scrie Darwin într-o scrisoare din 1881, "apare întotdeauna îndoiala oribilă dacă convingerile minții umane, care a fost dezvoltată din mintea animalelor inferioare, au vreo valoare sau sunt vrednice de încredere. S-ar încrede cineva în convingerile minții unei maimuțe, dacă există vreo convingere într-o astfel de minte?"; în spatele îndoielii lui Darwin se află argumentul său de bază că mintea (ca și creierul) este un organ evoluat la egalitate cu altele, mai degrabă decât o substanță eterică. Ca atare, mintea este supusă acelorași condiții de selecție naturală obținând pentru orice organ sau organism, oricât de umil. Mintea nu este Rațiune celestă dincolo de timp, istorie sau natură, ci un proces care își datorează supraviețuirea eficienței*

sale dovedite în relațiile cu natura. Cu toate acestea, dacă evoluționismul are dreptate atunci când susține că abilitatea noastră cognitivă provine din necesitatea genetică și biologică, nu din exercitarea liberă a rațiunii interne auto-făcute, atunci conținutul minții nu este, de asemenea, liber, ci necesar. Cu alte cuvinte, mintea noastră este făcută nu dintr-o cunoaștere neutră și dezinteresată a lumii, ci din credințe inductive a căror singură utilizare este conservarea speciei noastre. Această restricție asupra independenței cunoașterii, totuși, aruncă o umbră asupra teoriei care o susține. Acesta este motivul pentru care, cu o onestitate intelectuală exemplară, Darwin își exprimă mustrările de conștiință cu privire la veridicitatea ultimă a darwinismului. Dacă ideile noastre nu sunt făcute să înțeleagă adevărul obiectiv mai mult decât mintea unei maimuțe este făcută să înțeleagă Bursa de Valori din New York sau cele șapte păcate capitale, atunci nu există niciun motiv să credem că teoria selecției naturale este solid înrădăcinată în realitate. Într-adevăr, nu există nici un motiv să presupunem că, atunci când vine vorba de discutarea subiectului evoluției naturale, mintea evită propria condiționare biologică și oferă adevăruri necondiționate, mai degrabă decât tariful său normal de deducții convenabile care promovează viața.„ (Maleuvre, 2001)

O obiecție mai puternică vine de la Spetner (1997, p. vii-viii):

„Înțelepciunea convențională susține că viața a apărut spontan. În trecutul îndepărtat, se presupune că un simplu organism viu s-a format din întâmplare din materie inertă. Se presupune că acest organism s-a reprodus și s-a dezvoltat în viața de astăzi prin variații aleatorii modelate de selecția naturală. Deși nu sunt încă recunoscute pe scară largă,

descoperirile din biologie din ultimii treizeci sau patruzeci de ani, împreună cu principiile elementare ale teoriei informației, au făcut ca acest punct de vedere să nu poată fi susținut. Câțiva biologi au subliniat acest lucru, dar majoritatea pare să nu știe că există o problemă. Principala problemă, în opinia mea, este credința aproape universală printre biologi că variațiile aleatorii modelate de selecția naturală produc evoluție pe scară largă. Conform acestei credințe, variația aleatorie poate duce la evoluția pe scară largă necesară pentru ca toată viața de astăzi să se fi dezvoltat din ceva chiar mai simplu decât o singură celulă. Teoria informației, care a fost introdusă ca disciplină, cu aproximativ o jumătate de secol în urmă de Claude Shannon, a aruncat o nouă lumină asupra acestei probleme. Se pare că variația aleatorie nu poate duce la schimbări evolutive mari. Informațiile necesare pentru evoluția pe scară largă nu pot proveni din variații aleatorii. Există cazuri în care mutațiile aleatorii duc la evoluție la scară mică. Dar se pare că, în aceste cazuri, nu se adaugă nicio informație organismului. Cel mai adesea, informațiile se pierd. Un proces care nu adaugă nicio informație ereditară în organism nu poate duce la marile progrese evolutive imaginate de neo-darwiniști. În această carte vă voi prezenta un argument care conduce la această concluzie. „(Spetner, 1997)

Se crede că comunitatea științifică nu are "vaci sacre"; faptul aparent că nu există alternative la evoluție în istorie care să reziste examinării critice nu ar trebui să împiedice comunitatea științifică să caute adevărul și realitatea.

Aici ne vom uita la alte câteva motive posibile pentru care mulți oameni de știință refuză să accepte eșecul darwinismului, urmat de un studiu al relației dintre darwinism și progresism și rolul acestei relații în acordarea de finanțare medicinei occidentale moderne și avantaj financiar față de medicina tradițională și, în cele din urmă, o alternativă la darwinism va fi prezentată de acest studiu.

Sub viziunea materialistă, Murphy indică începutul bătăliei cu Biserica și doctrinele creștine încă din secolul al XVII-lea:

> *„Materialismul a luat proporții de luptă până când Biserica l-a suprimat. Materialismul era considerat a fi opus tuturor valorilor spirituale care au izvorât dintr-un sistem dualist, un sistem suflet contra corp. Acesta este motivul pentru care materialismul modern, începând cu secolul al XVI-lea sau al XVII-lea, trebuie să lupte împotriva doctrinelor dualiste și în special creștine ale minții și corpului.„*

Reeves îi caracterizează pe marii gânditori ai secolului al XVII-lea după cum urmează:

> *„Scurtul nostru studiu istoric a avut ca scop, în parte, reamintirea unora dintre ingredientele culturii în care se regăseau marii gânditori originali ai secolului al XVII-lea european. Putem vedea astfel un pic mai clar măsura în care originalitatea lor rezidă, așa cum se întâmplă de obicei, într-un amestec de asimilare și revoltă.„* (Reeves, 1958).

Reeves arată în continuare relația deismului lui Locke cu Voltair și încercarea sa de a sugera materialismul în opera lui Locke. Se pare că atunci când comunitatea științifică europeană a acceptat teoria evoluției, nu a fost pentru că a văzut dovezile incontestabile în favoarea ei; a fost mai degrabă revoltător împotriva Bisericii.

McGinn (1991) în lauda științei moderne scrie după cum urmează:

> *„Timp de secole, în Occident, când a existat o dispută importantă asupra realității trecute, prezente sau viitoare într-un anumit domeniu al vieții, liderii societății au apelat*

adesea la o carte sacră sau la un înțelept religios pentru a ajuta la luarea hotărârii necesare. În secolul al XX-lea, o astfel de tendință persistă în anumite subcomunități religioase și în multe vieți individuale; Fii martor la popularitatea literalismului biblic și a astrologiei. Cu toate acestea, există acum un consens social relativ ferm cu privire la direcția în care să ne îndreptăm în astfel de cazuri: spre știință. În societatea occidentală contemporană, situația cu care se confrunta Galileo a fost inversată. În loc ca oamenii de știință să fie obligați să renunțe la descoperirile lor empirice pentru că nu sunt în acord cu pozițiile a priori ale unei biserici, religiile mainstream își desfășoară activitatea pe un teren intelectual ai cărui parametri sunt stabiliți de descoperirile stabilite ale științei moderne. În măsura în care o religie refuză să recunoască și să se adapteze la pretențiile existențiale și la condițiile limită stabilite de această autoritate cognitivă preeminentă, ea pierde sprijinul credincioșilor consecvenți în pretențiile de cunoaștere ale științei moderne. Oamenii de știință sunt marii preoți ai secolului al XX-lea, iar majoritatea credincioșilor laici se supun autorității conferite de expertiza lor specializată. „ (McGinn, 1991, p.6)

După cum se poate vedea, se pare că lupta cu Biserica ocupă încă munca unor cunoscuți oameni de știință moderni. Două grupuri diferite de oameni par să fie implicate în această luptă: în primul rând, cei care urmează teoriile atașate științei empirice cu privire la orice, ignorând faptul că datele științifice nu numai că nu răspund la toate întrebările noastre, ci mai degrabă duc la mai multe întrebări și complicații și, în multe cazuri, pun la îndoială validitatea teoriilor precum darwinismul. În al doilea rând, cei care se bazează pe credința lor "instituționalizată" pentru a răspunde la toate întrebările din univers interpretând literal scripturile sacre, ignorând datele științifice. Poate că poziția echilibrată este de a lăsa credința să fie răspunsul la ceea ce știința empirică, prin definiție, nu are acces, și anume metafizica. În investigarea cauzelor problemelor medicinei tradiționale în lumea modernă, acest studiu analizează acum relația dintre darwinism și progresism, urmată de studiul efectului acestei relații asupra statutului financiar al medicinei occidentale moderne față de cel al medicinei tradiționale, această sarcină se face în cadrul "Revoluției industriale".

Alte implicații ale darwinismului

Ca implicații suplimentare ale acceptării teoriei evoluției, să investigăm mai întâi legătura dintre teoria evoluției și progresivism și modul în care progresismul, la rândul său, a servit pentru a susține noțiunea de superioritate a instituției științifice moderne și, în consecință, a medicinei moderne, în comparație cu orice instituție științifică anterioară. Această superioritate asumată avea nevoie de dovezi, care se pare că au fost furnizate de Revoluția Industrială și de progresele tehnologice care i-au urmat. Largent în disertația sa "Acestea sunt vremuri de idealuri științifice"...

> *„Vernon Lyman Kellogg (1867-1937) a fost un activist științific de la începutul secolului al XX-lea, un om de știință profesionist care a îmbinat activismul progresist cu credința în știință. Această analiză a carierei lui Kellogg menține munca altor istorici, care au afirmat importanța darwinismului pentru mișcarea progresistă de reformă și susține că darwinismul și progresismul au avut o relație reciprocă. În timp ce darwinismul a oferit justificarea științifică pentru progresism, credința reformatorului în știință a încurajat sprijinul financiar și statutul social al oamenilor de știință. "* (Largent, 2000)

Putem vedea legătura dintre darwinism și progresism mai sus. Mai mult, Largent continuă să arate impactul acestei relații asupra instituției științei și a direcțiilor sale viitoare:

„În ciuda puterii mult sporite a guvernului federal, care a dat progresiștilor autoritatea centralizată necesară pentru a adopta reforme, războiul a subminat baza filosofică a progresismului prin contestarea noțiunii de progres. Aceste dificultăți s-au reflectat în cariera lui Kellogg. După război a fost ales secretar permanent al Consiliului Național de

Cercetare, o poziție care i-a conferit o autoritate semnificativă asupra științei americane. " (Largent, 2000)

Motivul pentru care războiul a subminat progresismul a fost că atrocitățile comise de germani sub aplicațiile științifice ale darwinismului (și anume eugenia) s-au reflectat rău asupra progresismului și a lui Kellogg, patronul său ca:

> „ *Kellogg a încurajat eugenia ca aplicație practică pentru teoria evoluționistă și a adaptat argumentele eugenice pentru a oferi o rațiune științifică pentru neutralitatea americană.* " (Largent, 2000)

În încercarea de a se apăra pe sine și progresismul, Kellogg a dat vina pe darwinism:

> „*Cu toate acestea, scriind despre aplicarea darwinismului de către germani, Kellogg a convins din greșeală mulți americani că darwinismul a fost una dintre cauzele principale ale războiului și a ajutat la inițierea mișcării anti-evoluționiste din anii 1920. Anti-evoluționismul, combinat cu mișcarea eugenică din ce în ce mai rasistă și jingoistă, a făcut din ce în ce mai dificil pentru Kellogg și colegii săi să continue să promoveze darwinismul ca baza reformismului progresist. Ca răspuns la aceasta, oamenii de știință americani au schimbat tactica și au găsit alte modalități de a încuraja cercetarea științifică fundamentală, cum ar fi importanța cercetării științifice fundamentale pentru industrie și agricultură.*" (Largent, 2000)

Aici putem vedea cum finanțarea științei moderne a plasat-o într-o poziție de mare avantaj față de știința tradițională în perioada războaielor mondiale. Agoratus (1994) arată mai detaliat măsura în care știința modernă a beneficiat financiar de progresism. El arată cum elita din timpul erei progresiste a ajutat la procurarea și direcționarea fondurilor organizațiilor private de cercetare către o nouă generație de reformatori sociali, care erau în mare parte educați la colegiu, într-un efort de a crea o comunitate reformistă extrem de coezivă, care, la rândul său, a fost marele susținător al științei moderne (Agoratus, 1994).

De ce toate celelalte sisteme ale științei antice nu au urmat exemplul și au fost lăsate în afara schemei de finanțare? Este pentru că nu au îmbrățișat darwinismul și progresismul? Sau teoria evoluției și implicațiile sale ulterioare erau incompatibile cu doctrinele lor despre legile vieții și ale universului? Poate că nu aveau idei aparent profitabile? Sau medicina tradițională a fost o competiție periculoasă pentru medicina occidentală modernă sau este o combinație a acestora sau a altor factori?

A fost important să ne ocupăm de această problemă, deoarece are un rol esențial în formarea științei moderne și separarea acesteia de filozofie și excluderea științei și medicinei tradiționale până la punctul de dispariție a unora. Se va arăta mai târziu pe parcursul acestui studiu că medicina tradițională nu a putut folosi interpretările evolutive ale datelor biologice și a trebuit să-și dezvolte propria înțelegere a acestor date. Se va arăta, de asemenea, în "Revoluția industrială", că economia și politica au avut un factor decisiv în stabilirea superiorității medicinei occidentale moderne față de medicina tradițională. Să analizăm mai întâi relația dintre darwinism și psihologia modernă.

Darwinismul și psihologia modernă

O altă influență semnificativă a darwinismului apare în domeniul psihologiei. Murphy (1968), în capitolul său despre evoluție scrie:

> *„Doctrina evoluționistă a lui Darwin nu numai că a oferit o ordine rațională de dezvoltare pentru toate procesele vieții, inclusiv mintea însăși; a indicat pretutindeni diferențele individuale, variațiile, persoană cu persoană, care alcătuiesc atât de mult din viața speciilor mai avansate. În principal prin darwinism, individualitatea a intrat în psihologie. Așa cum sa întâmplat, un văr primar al lui Charles Darwin, Francis Galton, a văzut un întreg sistem de psihologie bazat pe individualitate. La prima vedere, ușurința sa de a concepe noi metode ne poate face să ne gândim. Dar, în perspectiva timpului, recunoaștem aici primul mare student psihologic al individualității și primul mare inventator de metode pentru studiul individualității. „* (Murphy, 1968,p.136).

Francis Galton este considerat fondatorul eugeniei (Eugenics), ca o aplicație a darwinismului, în special a selecției naturale. Purificarea etnică de către naziști în numele științei, eugenia pentru a fi precis, este o istorie bine cunoscută. Potrivit lui Reber (1985):

> *„Eugenie: Studiul modelelor ereditare umane cu scopul de a îmbunătăți speciile prin reproducere selectivă. Din păcate (sau ar trebui să spunem din fericire) nu s-a ajuns la un acord cu privire la caracteristicile pe care este de dorit să le perpetuăm. De la fondarea diciplinei de către Francis Galton în secolul al 19-lea, eugeniștii nu au reușit să se elibereze de propriul etnocentrism. „* (Reber, 1985, p.252).

Un alt exemplu al influenței darwinismului asupra psihologiei moderne se găsește în:

> *„ În încheiere, aș dori să mă ocup de caracterul familiei extinse a evoluționiștilor timpurii. Putem alege cinci figuri care să servească drept simboluri pentru marea tranziție către psihologia evoluționistă. În primul rând, Charles Darwin ... În al doilea rând, Francis Galton ... În al treilea rând, Friedrich Nietzsche... În al patrulea rând, William James, . . . care construiesc o nouă psihologie pe biologia evoluționistă, . . . În al cincilea rând, Sigmund Freud, biologul cercetător devenit medic și psihiatru, care a văzut amploarea vieții impulsive și implicațiile sale vaste pentru întregul spectru al expresiei umane prin minte, inimă și voință, creând singur un sistem psihologic, cu biologia instinctului exprimată prin toate țesuturile corpului. Toți aceștia sunt membri ai familiei spirituale a evoluționistului Charles Darwin. „* (Murphy, 1968, p.139)

Psihologia modernă este predominant darwiniană în natură și contrastează cu psihologia tradițională, care este holistică în natură.

O alternativă propusă la teoria evoluției

O posibilă alternativă la darwinism și teoria evoluției ar putea consta în modul nostru de gândire și abordare a problemei originii speciei. Cele mai importante axiome fundamentale ale științelor se bazează pe o formă specială de discontinuitate, mai degrabă decât pe continuitate și liniaritate. În matematică, toate numerele emană de la "zero", nu o entitate fizică, ci mai degrabă un concept, totuși prezența acestui zero în calcule necesită întotdeauna un tratament special. De exemplu, împărțirea cu zero, înmulțirea cu zero și așa mai departe. În geometria euclideană, există "Punctul Absolut", care nu are masă și nu ocupă spațiu, totuși replicile infinite (manifestările) acestui punct creează o linie, două linii formează un unghi și trei linii creează prima formă (formă) și așa mai departe. În fizică, un "foton" este conceput ca energie pură fără masă, care este emisă sau absorbită atunci când electronii sar de la un nivel de energie la unul mai mic sau mai înalt, fiecare salt se numește salt cuantic. Pe de altă parte, nu există o "masă absolut solidă", deoarece fiecare element este alcătuit din atomi, care la rândul lor sunt făcuți din nucleu și electroni. Distanța relativă a electronilor față de nucleul lor, umplută cu spațiu gol, se compară proporțional cu distanțele astronomice dintre stele și galaxii; Deci, de fapt, materialele solide din jurul nostru sunt făcute mai mult din spațiu gol decât din masă. În majoritatea aplicațiilor științifice, adesea liniarizăm și simplificăm fenomenul studiat, unde în realitate aceste fenomene sunt neliniare și uneori discontinue. Funcția Impuls, numită și funcția Dirac Delta, este definită în mod obișnuit ca fiind zero pentru orice x real diferit de zero și infinit pentru x = 0, totuși aria de sub această funcție este egală cu unu; Deși este un concept dificil, este folosit în analiza de zi cu zi în inginerie și alte științe. Funcțiile discrete, cum ar fi funcția Pulse, sunt cele pe care se bazează multe dintre sistemele noastre moderne, cum ar fi echipamentele de comunicații și de procesare a semnalelor. După cum am putut vedea, Zero, punctul Absolut,

Fotonul, Masa Solidă și funcția de impuls sunt toate idei sau concepte care sunt situate incomensurabil la un nivel diferit de creațiile lor din acea ramură a științei. Cu toate acestea, am construit o întreagă lume a științei și tehnologiei pe aceste idei și vedem aceste tehnologii la lucru în fiecare zi. Există un model aici, care merită analizat. Potrivit darwinismului, apariția vieții și a speciei urmează un model continuu. Are nevoie de modelul continuu pentru a susține creșterea de la cele mai simple organisme la cele mai complexe. Acest studiu consideră că modelele discontinue – în sensul prezentat mai sus, în care punctul de plecare pentru o știință este incomensurabil la un nivel diferit față de restul entităților din acel domeniu – și funcțiile au avut istoric și practic mai mult succes în explicarea fenomenelor din jurul nostru. Prin urmare, soluția la problema apariției cronologice a speciilor poate proveni dintr-un model discontinuu în care punctul de plecare sau originea vieții este situată la un nivel total incomensurabil cu speciile înseși, așa cum este cazul matematicii, geometriei și fizicii. Ar trebui să revizităm scrierile lui Platon despre lumea ideilor, unde totul în universul nostru are prototipul său prefigurat în acea lume.

În acest moment, este necesar să ne uităm la tendințele și evoluțiile istorice din timpul Revoluției Industriale.

3- Revoluția industrială:

O revizuire extinsă a revoluției industriale se găsește în "Știință, tehnologie și societate" (1991) a lui McGinn după cum urmează:

> *„Mulți sunt de acord cu Eric Hobsbawm că revoluția industrială, care a început serios în secolul al XVIII-lea, a fost "cea mai fundamentală transformare a vieții umane din istoria lumii înregistrată în documente scrise . . . Revoluția științifică a influențat profund evoluțiile din mai multe domenii științifice, în special fizica și astronomia. Pe de altă parte, Revoluția științifică a avut un impact practic neglijabil asupra vieții oamenilor înainte de mijlocul secolului al XIX-lea, când descoperirile în domenii îndatorate acelei revoluții au fost în cele din urmă legate de preocupările și evoluțiile tehnologice. Cu toate acestea, Revoluția Științifică a exercitat o influență puternică asupra unui aspect al sistemului cultural-ecologic din Europa de Vest, unul încă în evidență până în prezent. Viziunea asupra lumii a europenilor educați a fost transformată în mod decisiv. În cuvintele lui Brian Easlea: De la credința tradițională că natura era "un organism viu, o structură conectată legată printr-o rețea de puteri active ascunse", până în jurul anului 1700, oamenii educați au ajuns să conceapă universul ca o structură mecanică moartă ca un ceas. „* (McGinn, 1991, p.62-63)

Deși McGinn ia consecințele sociale ale acestei schimbări fundamentale în viziunea asupra lumii a celor mai puțin educați, el continuă în mod corect să clarifice ce este nevoie pentru ca o schimbare socială să aibă efect și oferă câteva exemple concrete:

„... Revoluția științifică nu a avut nici un efect transformator apreciabil asupra domeniului societal-cultural. Nici nu a avut un impact semnificativ asupra domeniilor materiale, de personalitate și comportament sau de mediu. Totuși, acest lucru nu este surprinzător, deoarece, cu excepția cazului în care descoperirile și teoriile științifice, oricât de noi și provocatoare, sunt încorporate în proiecte tehnologice sau produse care sunt utilizate în moduri importante sau difuzate pe scară largă în societate, influența lor asupra sistemului cultural-ecologic al unei societăți este susceptibilă să fie limitată la domeniul ideatic. Teoria evoluției prin selecție naturală a lui Darwin este o excepție rară de la această generalizare. Să examinăm pe scurt o singură dezvoltare științifică care a avut o mare varietate de ramificații importante. Exemplul pe care îl vom lua în considerare este contraceptivul oral steroid, mai bine cunoscut sub numele de "pilula". Se estimează că la nivel mondial, la mijlocul anilor 1980, peste 60 de milioane de femei aflate la vârsta fertilă foloseau contraceptive orale. „(McGinn, 1991,p. 66-67)

Nu este greu de estimat implicațiile financiare ale unui produs atât de utilizat pe scară largă ca "pilula". Este important de observat că ideile au venit înainte de aplicațiile lor tehnologice; ideile au consecințe. McGinn continuă să sublinieze consecințele acestei dezvoltări științifice unice:

„Un prim pas în înțelegerea consecințelor acestei dezvoltări științifice ar fi determinarea efectelor sale de prim ordin. Aceste efecte ar fi în primul rând de natură medicală, incluzând atât eficacitatea sa în prevenirea concepției, cât și efectele secundare fiziologice și psihologice pe termen scurt și lung. În domeniul ideatic, pilula a ajutat la spargerea legăturii mentale dintre actul sexual și procreare, deschizând astfel calea pentru ideea

contemporană influentă a sexului pentru plăcere în sine (în contrast cu ideea de sex pentru bani, și anume prostituția, o profesie care a existat pentru cea mai mare parte, dacă nu pentru toată istoria înregistrată). Riscul diminuat de sarcină afectat de pilulă a contribuit la declinul credinței culturale occidentale de lungă durată că sexul înainte de căsătorie este greșit din punct de vedere moral ... În societate, în general, castitatea a ajuns să fie privită ca fiind "nenaturală". Din punct de vedere social, pilula a contribuit puternic la stabilirea de noi roluri pentru femei. Prin facilitarea controlului reproductiv feminin, pilula a oferit femeilor active sexual opțiunea unei cariere profesionale fără copii și a unei vieți care combină munca și nașterea de copii. În ceea ce privește domeniul personalității și comportamentului, pilula pare să fi modificat modelele de comportament sexual, facilitând o mai mare spontaneitate și oferind femeilor opțiuni pentru un comportament sexual mai inițiatic. „ (McGinn, 1991, p.66-67)

Aici vedem cât de repede trece peste ramificarea pilulei în domeniul comportamental, în mod inteligent, deoarece adevărata evaluare a ramificațiilor sale de anvergură va necesita studii ample nu numai de către oamenii de știință comportamentali, ci mai degrabă de către oamenii de știință din multe discipline.

O problemă importantă aici este că agenda pentru profit a revoluționarilor industriali a devenit forța motrice din spatele finanțării masive a cercetării în acele domenii ale științei care au fost considerate profitabile, un astfel de domeniu fiind medicina modernă.

Medicina modernă se identifică îndeaproape cu viziunea mecanicistă a lui Descartes asupra universului. De asemenea, crede în progresism și se bazează foarte mult pe tehnologia modernă. Celelalte sisteme de medicină încă atașate la viziunea holistică a universului, care nu a dezvoltat o descoperire profitabilă, au rămas fără sprijin (vezi rolul educației de mai jos). De asemenea, păreau să fi devenit ținta eliminării în virtutea faptului că erau un potențial concurent. Până la sfârșitul secolului al 19-lea, practicanții unor astfel de sisteme de medicină au fost numiți "șarlatani" și au fost în curând legiferați ca afaceri ilegale.

Aceasta a devenit curând o legislație globală prin intermediul puterilor coloniale ale Angliei (și ale puterilor imperiale occidentale în general) prin două instrumente: unul, crearea unei instituții educaționale moderne globale, adesea pledând pentru distrugerea științelor antice; și în al doilea rând, puterea uimitoare a noilor lor tehnologii și a puterii militare. Pentru a evalua afirmațiile de mai sus, consultați rolul educației de mai jos.

Doar două astfel de sisteme de medicină, pe care acest studiu le-a numit "tradiționale", în virtutea viziunii sale holistice asupra universului și a originilor sale trasabile până în cele mai vechi timpuri, au supraviețuit acestui atac nevătămate. Una a fost medicina tradițională chineză (MTC) care, în mod ironic, prin dragostea naționalistă a partidului comunist față de moștenirea lor, la apogeul urii lor față de trecutul imperial, a fost păstrată și promovată:

> *„Renașterea dinamică a medicinei tradiționale în China de astăzi are două cauze majore. Unul este programul general al Republicii Populare de conservare a patrimoniului său național. Celălalt este rezultatul unei evaluări realiste a condițiilor medicale predominante.„* (Veith, 1972,p.ix)

Cealaltă care a fost aproape distrusă și acum revine a fost medicina tradițională indiană, și anume Ayurveda.

Rolul educației

Următoarea secțiune investighează formarea și propagarea instituțiilor de învățământ moderne și relația lor cu știința modernă și antică. În "Psihologia într-o țară din lumea a treia, experiența indiană" de Sinha (1986) se menționează că:

> *"Introducerea psihologiei științifice moderne este un fenomen relativ recent și poate fi privită ca o componentă a psihologiei și psihiatriei antice 39 a occidentalizării educației – un proces care a fost dezlănțuit de faimosul Minut al Lordului Macaulay la începutul secolului al XIX-lea, în care învățarea occidentală a fost căutată să înlocuiască sistemul oriental predominant de educație. Ca rezultat, engleza a fost introdusă și în curând a devenit limba inteligheniei indiene. I-a făcut receptivi la Occident și a deschis vasta lume a cunoașterii științifice. Dar a avut o influență dăunătoare prin faptul că savanții nu numai că au devenit mai receptivi la cunoștințele occidentale, dar, în același timp, au avut tendința de a neglija învățarea sanscritei și persanei, astfel încât au încetat treptat să aibă acces la cunoștințele științifice și înțelepciunea Orientului ... Disprețul și indiferența care au fost observate printre psihologii din India față de bogata moștenire indiană a cunoașterii psihologice a fost o extensie a atitudinii față de științele, filosofia și literatura indigenă, reflectată flagrant în Minuta lui Macaulay. Pentru a cita din ea: nu am găsit niciodată unul printre ei care să poată nega că un singur raft al unei biblioteci europene bune valorează întreaga literatură nativă din India și Arabia . Macaulay a afirmat* fără ezitare *superioritatea cunoașterii occidentale și a deplâns disprețuitor învățătura orientală. Macaulay a concluzionat că publicarea cărților orientale a fost o risipă de bani publici și a afirmat fără menajamente că ar*

însemna "tipărirea cărților care au o valoare mai mică decât hârtia pe care sunt tipărite în timp ce era goală". (Sinha, 1986, p. 10-13).

O situație ușor diferită, cu consecințe oarecum similare, s-a dezvoltat în Persia, după cum afirmă Mansoory (1986):

„Misionarii americani au contribuit semnificativ la introducerea în Iran a unor elemente ale culturii occidentale, în special în domeniile educației și medicinei. Primul dintre acești misionari a mers în Persia în 1832 pentru a explora posibilitatea de a stabili o bază pentru activitățile Consiliului American al Comisarilor pentru Misiuni Străine. Unul dintre cele mai semnificative rezultate ale lucrării misionare a fost stabilirea unui sistem educațional impresionant de la nivelul primar până la nivel de colegiu într-o națiune care nu avea educație laică. În cele din urmă, aproximativ 40 de absolvenți ai școlilor misionare au devenit proeminenți în parlamentul persan. Alții au fost printre cei mai importanți avocați, medici și ingineri iranieni. Misionarii medicali au introdus practici medicale moderne în Iran. Primii dintre acești medici dedicați au sosit în Urumia în 1835. Deși misionarii au avut succes în lucrarea educațională și medicală, ei au eșuat în obiectivul lor principal, acela de a evangheliza nu numai Persia, ci toată Asia. Cu toate acestea, școlile, colegiile și spitalele lor au contribuit la răspândirea idealurilor occidentale și la îmbunătățirea condițiilor materiale din Iran." (Mansoori, 1986)

Pe măsură ce continuăm căutarea literaturii, există Novello (1996), care în studiul său urmează trenul gândirii pus în mișcare de Jean-Jacques Rousseau în domeniile largi ale progresismului, romantismului, colectivismului și naționalismului și încearcă să determine relevanța lor pentru istoria gândirii educaționale. Mai departe, în lucrarea sa, ea propune ca:

> *„Ideile lui Rousseau au fost în primul rând responsabile pentru dezvoltarea colectivismului prin antipatia sa față de clasa burgheză și proprietatea privată în general. Este explorat modul în care aceste idei au jucat prin Hegel și Marx teoreticienilor critici moderni care alcătuiesc facultățile universităților noastre."* (Nuvelă, 1996)

Despre natura universității moderne, Porter scrie după cum urmează:

> *„Acesta este un studiu al opt universități americane - Harvard, Yale, Columbia, Johns Hopkins, Chicago, Stanford, Michigan și California-Berkley - din aproximativ 1870 până în 1930. Julie Reuben susține că triumful idealului de cercetare, împreună cu tranziția intelectuală la progresism, au subminat o concepție mai veche a cunoașterii unificate și au tăiat legătura dintre educația intelectuală și cea morală. Ea cronicizează diferitele eforturi ale liderilor universitari de a menține dimensiunea morală a educației universitare, toate fără succes. Inițiativele lor au inclus, cultivarea studiului academic al religiei, iar mai târziu al literaturii și științelor umaniste, moralizarea epistemologiei sau a metodei științifice și reforma vieții studențești prin crearea de cămine și programe sportive … . O istorie instituțională nu poate fi decât parțială; Rolul diminuat al educației morale a făcut parte dintr-o dinamică care a ajuns mult în afara zidurilor universităților."* (Porter, 1998)

Aici putem vedea, de exemplu, că consecințele morale ale pilulei ar putea fi interpretate ca actualizarea unei educații morale diminuate care a început cu mult înainte de producerea pilulei. Vedem, de asemenea, că anumite ideologii sunt menționate în mod repetat ca contribuind la originea lumii moderne, și anume, progresivismul și teoria evoluției.

În ciuda prezenței copleșitoare și a autorității științei moderne în sistemul nostru educațional, Lamarine (2001) recomandă ca o educație mai bună despre știință și metode științifice să fie necesară la nivel elementar pentru a combate creșterea utilizării medicinei tradiționale de către părinții lor:

> *„O profesoară de clasa a patra află că un elev de nouă ani din clasa ei a fost diagnosticat cu o tumoare pe creier. După o intervenție chirurgicală pentru a elimina creșterea, medicii copilului recomandă chimioterapie și radioterapie. Tratamentul oferă o rată de supraviețuire mai mare de 50%. După ce au vorbit cu prietenii și cu un funcționar "bine informat" de la magazinul local de produse naturiste, părinții copilului află că rechinii nu dezvoltă cancer, deoarece sunt construiți din cartilaj, care conține agenți anti-cancer. Ei mărturisesc profesorului că chimioterapia și radioterapia sunt toxice și periculoase, dar cartilajul de rechin este organic, pur și natural. Ei sugerează că utilizarea acestui "remediu la domiciliu" va oferi copilului lor o mai mare autonomie și autodeterminare în abordarea bolii sale. Ei decid să urmeze terapia naturală.* " (Lamarine, 2001, p.114)

Lamarine (2001) folosește acest exemplu pentru a echivala alternativa (în esență medicina tradițională) cu sfatul unui funcționar al unui magazin de produse alimentare de sănătate cu privire la cancer, cea mai dificilă boală de tratat cu orice medicament, incluzând medicina occidentală modernă, și apoi pentru a ataca însăși noțiunea de a urma astfel de tratamente tradiționale, oferind mai multe sugestii practice, după cum urmează în scurt timp. Este necesar să subliniem că exemplul de mai sus este o altă dovadă pentru multe dintre punctele care au stat la baza necesității acestui studiu, așa cum este prezentat în secțiunea Introducere și raționament. Pentru a împiedica oamenii să investigheze chiar și tratamentele oferite de medicina tradițională, Lamarine (2001) sugerează următoarele măsuri:

1. Asigurarea unei educații mai bune despre știință și metoda științifică ca parte integrantă a programelor elementare și liceale. Expunerea la principiile fundamentale legate de probabilitate și cauzalitate ar fi un plus bun pentru experiența școlară a fiecărei persoane educate;
2. Persoanele educate pot beneficia de o instruire formală în domeniul educațieiconsumatorilor, menită să le ajute să ia decizii logice și în cunoștință de cauză relevante pentru sănătate, boli și terapii recomandabile;

1. Colegiile și universitățile ar putea dori să includă educația științifică și educația consumatorilor ca o componentă integrală în toate programele de formare a profesorilor. (Lamarine, 2001).

Programa școlară este deja plină de prezentări infailibile ale științei moderne și complet lipsită de orice învățături religioase sau filosofice care ar putea submina în vreun fel această poziție. Ce mai caută Lamarine? Predarea probabilităților și a cauzalității statistice a copiilor? Copiii se gândesc la profesorii lor ca la niște zei, cu excepția cazului în care, desigur, își urăsc profesorul; acum, Lamarine, pentru a se asigura că totul va merge așa cum propune, sugerează că trebuie să instruim profesorul în așa fel încât acei copii aflați în grija lor să nu încerce niciodată ceva care nu este aprobat de știința modernă. Unde este spiritul cercetării libere și al gândirii critice în astfel de școli și în lume în general? Acest studiu consideră că, în orice caz, programa școlară ar trebui să se îndepărteze de monopolul științei moderne și să încurajeze foarte mult spiritul cercetării libere și al gândirii critice. Ceva de genul "pieței" din vremea lui Socrate, cu excepția faptului că, în "piața" de astăzi, Socrate poate fi prezent numai prin lucrările lui Platon și deopotrivă.

Așa cum am menționat mai devreme în această lucrare, un mare factor decisiv în crearea științei și medicinei occidentale moderne a fost economia și agenda pentru profit a Revoluției Industriale și a instituțiilor care au evoluat din acestea. O relatare interesantă este oferită de Mujeeb-ur-Rahman (1990), sub titlul Gutenberg Mania:

„Odată cu dependența mai mare a industriei de comunitatea academică, "cercetarea și dezvoltarea" au devenit cuvintele cheie ale generației noastre. Comercializarea a ghidat cercetarea și descoperirea - doar pentru a le alimenta într-o tehnologie deja scăpată de sub control; Dezvoltarea a fost identificată cu indicele economic al PNB și a fost măsurată prin progresul tehnologic – deși "creșterea anxietății" ar fi fost la fel de bună măsură. Pentru scopurile noastre, trebuie să ne concentrăm asupra a ceea ce a fost numit "calul troian academic" – cercetarea și dezvoltarea. Când birocraticii "bagmen" și "ad men" au început să conducă instituțiile academice, le-au transformat în afaceri de cercetare-publicare – sub pretextul bursei – și au permis ideii de producție în masă a cunoașterii să capteze imaginația științifică. Acesta este, pe scurt, contextul în care mania Gutenberg a devenit epidemia la modă în mediul academic – promovând productivitatea pedantă în detrimentul creativității autentice și al bursei. Ceea ce caracterizează epoca noastră, a spus Einstein, este

"perfecțiunea mijloacelor și confuzia obiectivelor". (Mujeeb-ur-Rahman, 1990,p.12-13)

În afară de dovezile instituțiilor intelectuale care se transformă în atelierele industriei, această confuzie de obiective este cea pe care această lucrare o va analiza, în Contextul filosofic, mai jos. Cu toate acestea, un alt punct interesant cu privire la efectele devastatoare ale propagandei alimentate de industria care caută profit este ridicat de Mujeeb-ur-Rahman (1990, p.6):

"Eliberați de orice trecut autoritar", . . . "progresăm spre barbarie nu departe de ea", pentru că "barbarii sunt oameni fără memorie istorică". . . . Un avertisment este, prin urmare, cel mai potrivit în acest context: "Toate epocile întunecate care șterg paginile istoriei civilizațiilor noastre și ale altor civilizații au început atunci când generațiile mai în vârstă nu au reușit – dintr-un motiv sau altul – să transmită moștenirea culturală tinerilor".

Dacă Evul Mediu este atunci când nu reușim să transmitem moștenirea noastră culturală tinerilor, cum vom numi atunci epoca în care, pentru prima dată în istoria omenirii, datorită uniformității globale a instituțiilor de învățământ și a celor de mass-media, există o posibilitate foarte reală a unei spălări a creierului în masă, la scară globală? Dacă o astfel de amenințare devine realitate, cum ar trebui să numim acea eră? Mai întunecat decât întunericul? Sau cea mai întunecată epocă?

Contextul istoric prezentat mai sus este suficient pentru înțelegerea situației actuale a științelor moderne și antice. Putem vedea că, deși Renașterea, prin raționalism și empirism, a oferit multe fapte care contraziceau anumite credințe larg răspândite ale vremii, ea a adus cu ea și multe teorii noi pentru a interpreta o bogăție de date nou găsite. Științele tradiționale în general și medicina tradițională în mod specific nu au acceptat sau adoptat aceste noi teorii și instrumente interpretative. Faptele și datele biologice, nou descoperite, au fost întotdeauna analizate și interpretate dintr-un punct de vedere mecanicist și evoluționist. Acest lucru era complet străin de medicina tradițională, unde perspectiva era holistică. Medicina tradițională nu și-a pierdut popularitatea, deoarece a negat descoperirile faptice ale biologiei. A făcut acest lucru deoarece interpretările mecaniciste și evoluționiste ale datelor biologice nu au fost de nici un folos medicinei tradiționale; a trebuit să interpreteze aceste date noi în conformitate cu propriile teorii, dacă dorea să le încorporeze în practica sa. Unii, cum ar fi medicina tradițională chineză, s-au găsit capabili să interpreteze unele dintre aceste date noi prin propriile teorii tradiționale, ale căror dovezi vor fi prezentate în secțiunea despre medicina tradițională chineză de mai jos. Alții care nu au putut explica aceste noi descoperiri în termenii lor și-au pierdut credibilitatea și au devenit etichetați ca neștiințifici, înapoiați etc. Revoluția industrială, la rândul său, a favorizat medicina modernă cu descoperirile sale lucrative, care au adus o ușurare simptomatică rapidă, dar temporară, față de medicina tradițională.

Prezentul

Care este situația acum? Care este poziția științei moderne? Care este poziția medicinei moderne? Este dificil, dacă nu imposibil, să generalizăm o poziție filosofică și să o atribuim întregii comunități științifice, deoarece există întotdeauna puncte de vedere opuse. Cu toate acestea, din argumentele prezentate în acest studiu până acum, există ideologii și poziții filosofice care au fost dominante de mult timp. Numeroasele descoperiri din fizică și astronomie par să fi dat naștere psihologiei și psihiatriei antice mai multor tendințe, cum ar fi ideea universului ca întreg, o idee susținută întotdeauna de științele tradiționale.

Un exemplu spune:

„Iată o poveste a fizicii moderne: doi oameni de știință lucrează la aceeași universitate în domenii diferite. Se studiază obiecte uriașe departe de Pământ. Celălalt este fascinat de lucrurile minuscule din fața lui. Pentru a le satisface curiozitățile, unul construiește cel mai puternic telescop din lume, iar celălalt construiește cel mai bun microscop din lume. Pe măsură ce își concentrează instrumentele asupra obiectelor din ce în ce mai îndepărtate și din ce în ce mai minuscule, încep să observe structuri și comportamente nemaivăzute – sau imaginate până acum. Ei sunt entuziasmați, dar frustrați pentru că observațiile lor nu se potrivesc teoriilor existente. Într-o zi își lasă instrumentele pentru o pauză de cofeină și se întâmplă să se întâlnească în salonul facultății, unde încep să se complacă despre ce să facă din observațiile lor. Dintr-o dată devine clar pentru amândoi că, deși par să privească la capetele opuse ale universului, văd aceleași fenomene. La fel

ca orbii care pipăie o fiară, un om de știință i-a apucat coada zguduitoare, iar celălalt botul sufocant. Comparând notele, își dau seama că este același aligator. Aceasta este exact situația în care se află fizicienii și astronomii astăzi. Această coliziune ciudată de informații înseamnă că Sfântul Graal al fizicii particulelor – înțelegerea unificării tuturor celor patru forțe ale naturii (electromagnetismul, forța slabă, forța tare și gravitația) – va fi realizat în parte de astronomi. Implicațiile sunt interesante pentru oamenii de știință, deoarece căsătoriile bizare ale unor fenomene fără legătură au creat salturi de înțelegere în trecut. Pitagora, de exemplu, a pus știința în mișcare atunci când a demonstrat că matematica abstractă poate fi aplicată lumii reale. Un salt similar a avut loc atunci când Newton a descoperit că mișcările planetelor și merele care cad se datorează gravitației. Maxwell a creat o nouă eră a fizicii când a unificat magnetismul și electricitatea. Einstein, cel mai mare unificator dintre toate, a împletit materia, energia, spațiul și timpul." (Haseltine, 2002)

Interesant este că metafora orbilor care pipăie un animal a fost folosită de Rumi (1223-1291 e.n.), un filosof persan, mistic și de poet . Rumi folosește povestea mai multor oameni dintr-o cameră întunecată care ating un elefant, deoarece toată lumea atinge o parte diferită a elefantului, fiecare vine cu o idee diferită despre obiectul pe care îl atinge. Rumi afirmă în continuare că întregul nu poate fi înțeles prin atingere (simțire), ci mai degrabă prin imaginare (văzând cu ochiul inimii, așa cum se afirmă în sufism, sau văzând cu al treilea ochi, așa cum se afirmă în hinduism) întregul. Aici el subliniază limitările simțurilor și ale rațiunii în general și afirmă că numai "intelectul", universal și impersonal în natură, este capabil de o astfel de viziune. (Rumi,. 1992, p.378-391)

Într-un alt exemplu, Grandy (2000), încearcă să reducă decalajul dintre știință și religie, în ceea ce privește ideea de Lumină, și relativism:

„Deoarece știința are un mod de a contesta și de a pune la îndoială credințele tradiționale, mulți presupun în mod eronat că știința afirmă relativismul moral. Acest lucru a fost valabil mai ales de când teoria relativității a lui Albert Einstein a intrat în cultura populară la scurt timp după primul război mondial. Deoarece relativitatea este înrudită cu relativismul, primul cuvânt pare să-l sancționeze pe al doilea. De fapt, cei care îl folosesc pe Einstein pentru a apăra relativismul moral au înțeles principiul său al fizicii exact invers. Teoria relativității nu implică o filozofie a relativismului. Aceasta din urmă este credința că tot adevărul este subiectiv, relativ la o minte individuală care interacționează cu mediul său. O astfel de viziune are o viziune antropocentrică asupra universului. Spre deosebire de filosofia relativismului, teoria relativității consideră că există trăsături pur obiective (absolute) ale lumii reale care sunt independente de orice minte individuală care ar putea privi. Acest eseu examinează o astfel de trăsătură pur obiectivă – lumina – într-un efort de a reduce ruptura tradițională dintre știință și religie. Fizica modernă ne dojenește cu o conștientizare proaspătă a luminii, una care rezonează cu conotații religioase. Multiplele puzzle-uri care decurg din încercările științei de a defini lumina în moduri logice precise implică faptul că lumina, însăși moneda iluminării, nu poate fi tranzacționată împotriva ei însăși. Este o cantitate ireductibilă, în cele din urmă scutită de înțelegerile cotidiene. Aceste afirmații găsesc balast în postulatul lui

Einstein că viteza luminii în vid este o valoare absolută. Adică, viteza luminii este independentă de viteza tuturor celorlalte. Acest lucru este atât contraintuitiv, cât și susține punctul de vedere că lumina este "propriul său lucru". Mai mult, în considerarea luminii, fizica modernă trece în anumite deliberări care întind mintea și care reinvestesc lumina cu calități asociate mult timp cu divinitatea. Este interesant că lumina, care odinioară pentru creștini susținea promisiunile și posibilitățile lui Dumnezeu, acum sub auspiciile științei moderne, își redobândește bogăția metafizică de odinioară. Această redobândire determină sugestia că lumina are o dublă datorie ca absolut fizic și moral." (Grandy, 2000)

Este important să putem distinge între științele tradiționale și contextul religios în care au fost adoptate sau dezvoltate. Deși articolul de mai sus se referă la știință și religie, el arată că anumite descoperiri moderne sunt, de fapt, o doctrină tradițională, redescoperite. Se pare că dezacordurile fizicii și astronomiei moderne aduc știința modernă și filosofiile tradiționale mai aproape. Cu toate acestea, perspectiva nu pare la fel de promițătoare, atunci când se referă la medicina modernă versus medicina tradițională. Situația pare mult mai complicată. Există pe de o parte a spectrului, numărul tot mai mare de consumatori care încearcă medicina tradițională. Și de cealaltă parte a spectrului este medicina modernă ca profesie. Medicina modernă are obstacole, care nu sunt neapărat filosofice, ci mai degrabă economice și politice, de depășit pentru a face posibilă recunoașterea medicinei tradiționale și cooperarea reciprocă. Profesia de medicină modernă și industria farmaceutică au devenit din ce în ce mai interdependente, adesea în detrimentul publicului. În timp ce medicina modernă este și a oferit un serviciu foarte valoros, discuțiile următoare aduc o imagine foarte tulburătoare a acestei profesii. Judis (1999) oferă un exemplu de posibilă corupție în rândul politicienilor influenți care acționează și adoptă pentru industria farmaceutică, indiferent de consecințele (devastatoare) pentru public:

„Vicepreședintele a fost cumpărat de lobby-ul farmaceutic? Vicepreședintele Al Gore pare să fi fost influențat în mod nejustificat de legăturile sale cu industria high-tech. Pharmaceutical Research and Manufacturers of America (PhRMA) a susținut că Africa de Sud încalcă cele de reguli ale Organizației Mondiale a Comerțului privind proprietatea intelectuală. Acest lucru se bazează pe măsurile introduse de guvernul sud-african pentru a face medicamentele scumpe SIDA mai ușor de achiziționat pentru oameni. În mod surprinzător, administrația Clinton susține pe deplin această plângere, iar Biroul Vicepreședintelui a exercitat presiuni continue asupra Africii de Sud. Disponibilitatea lui Gore de a face ceea ce vrea PhRMA în acest caz poate sugera că, pe teme care afectează rețeaua sa de susținători high-tech, el este dispus să facă un lucru greșit pentru a-i menține fericiți și susținători." (Judis, 1999)

Un alt exemplu de astfel de lipsă de preocupare pentru sănătatea publică spune:

„În urma eforturilor persistente de lobby ale câtorva companii farmaceutice majore, Food and Drug Administration (FDA) a relaxat restricțiile privind reclamele TV și radio pentru medicamentele eliberate pe bază de rețetă. Reclamele despre medicamentele eliberate pe bază de rețetă sunt necesare în conformitate cu Legea federală privind alimentele,

medicamentele și cosmeticele pentru a include un "scurt rezumat" al informațiilor privind efectele secundare, eficacitatea și contraindicațiile. Rezumatele se pot ridica la multe paragrafe în anunțurile tipărite - prea mult pentru a încăpea într-o reclamă de 30 de secunde. Companiile farmaceutice au ocolit cerința în așa-numitele reclame difuzate direct către consumator cu reclame "memento" care încurajează consumatorii să folosească drogul, dar nu menționează pentru ce este."(Childs, 1997)

Următorul articol subliniază influența puternică și coruptă a industriei farmaceutice asupra medicilor și a profesiei medicale:

„Alarmată de influența crescândă a firmelor farmaceutice asupra practicilor medicilor de prescriere a medicamentelor - și de posibila amenințare a supravegherii guvernamentale - Asociația Medicală Americană (AMA) se îndreaptă încet spre o inițiativă educațională majoră pentru a ajuta la consolidarea strictă. Politică etică veche de zece ani. Oficialii au început în liniște să facă planuri serioase pentru campania educațională după ce un grup de lucru național pe care AMA l-a creat în 2000 a constatat că 40-50% dintre medicii americani nu știau de orientări etice care, în general, interziceau orice altceva decât cadouri "modeste" sau "simbolice" de la reprezentanții de vânzări ai firmelor farmaceutice. Unul dintre motivele pentru care AMA se mișcă încet cu privire la această inițiativă este propria sa scădere a numărului de membri și faptul că împingerea liniilor directoare voluntare de etică pe gâtul medicilor poate înstrăina și mai mult membrii." (Romano, 2001)

Într-un articol, într-un număr ulterior al aceleiași reviste, Romano (iunie 2001) scrie despre cazul clar de "conflict de interese" ignorat de AMA:

„Se crede că Asociația Medicală Americană (AMA) a acceptat aproximativ 645.000 de dolari în contribuții de la companii farmaceutice de top pentru a ajuta la finanțarea unei campanii educaționale menite să restricționeze influența financiară a industriei farmaceutice. Campania AMA este concepută pentru a evidenția un cod voluntar de etică ignorat în mare măsură, care stabilește limitări stricte asupra cadourilor pe care medicii le pot accepta de la companiile farmaceutice. Un sondaj sponsorizat de AMA în 2000 a arătat că până la jumătate dintre medicii americani nu erau familiarizați cu codul etic care restricționează cadourile la 100 de dolari și cere ca darurile să fie în beneficiul pacienților. Art Caplan, director al Centrului de Bioetică de la Universitatea Pennsylvania din Philadelphia, spune că dependența aparentă de finanțarea industriei farmaceutice pentru campanie ridică probleme de conflict de interese.” (Romano, 2001)

Într-un alt articol citim despre gradul în care puterea industriei farmaceutice a scăpat de sub control:

„În S.U.A., puterea industriei farmaceutice este necontrolată, iar situația se poate înrăutăți. Administrația pentru Alimente și Medicamente (FDA) a fost mult timp ținta industriei și a susținătorilor ideologici care doresc să reducă reglementările. Președintele George W. Bush va răspunde probabil pozitiv la astfel de cereri. Cu toate acestea, legile existente au dus deja dereglementarea prea departe, iar FDA este acum dependentă chiar de industria pe care trebuie să o reglementeze, lăsând publicul susceptibil la medicamente nesigure. Datorită

influenței enorme pe care industria farmaceutică și biotehnologică o dețin acum asupra cercetării clinice a medicamentelor și a FDA, 50 de reglementări federale trebuie crescute, nu reduse. Nici industria farmaceutică, nici publicul nu vor fi deservite dacă integritatea sistemului medical și procesul FDA de revizuire a medicamentelor sunt subminate." (Washburn, 2001)

Ultimul exemplu oferit aici se referă la domeniul psihologiei clinice:

„Un nou studiu a constatat că un număr mare de psihologi clinicieni influențează alegerea și evaluarea medicamentelor psihotrope ale pacienților lor. Într-un sondaj al Asociației Americane de Psihologie efectuat pe 1.000 dintre membrii săi clinici, 94% dintre respondenți au susținut că au discutat recent cu un medic despre necesitatea de a modifica medicația psihotropă a unui pacient. În plus, 87% au susținut că au fost implicați direct într-o anumită etapă a procesului decizional de prescriere a medicamentelor. Această influență documentată face probabil ca companiile farmaceutice să vizeze psihologii clinicieni ca posibili utilizatori ai informațiilor despre produse și ai instrucțiunilor terapeutice." (Lipton, K și Shalo, 2000)

După cum arată dovezile de mai sus, chiar dacă comunitatea medicală ar fi dispusă să abordeze în mod obiectiv problema medicinei tradiționale, companiile farmaceutice care folosesc orice metodă, etică sau nu, pentru a-și asigura mai multe venituri, s-ar simți serios amenințate de ideea unui alt sistem de medicină care nu recomandă aproape niciunul dintre produsele lor. Prin urmare, comunitatea medicală, dacă ar intenționa să echilibreze cunoștințele moderne și tradiționale, ar trebui să se confrunte cu industria farmaceutică, un fenomen extrem de improbabil în acest moment.

Ce s-ar putea face pentru a inversa daunele suferite de medicina tradițională este o sarcină pe care acest studiu o va aborda în capitolul cinci. Acum este timpul să investigăm fundalul filosofic al situației de astăzi.

Fundalul filosofic

O altă sarcină importantă a acestui studiu a fost de a investiga dacă, există vreo școală tradiționalistă de psihologie modernă, care parțial sau complet reprezintă psihologia tradițională (antică), vezi pagina 16 de mai sus. Ideologiile pe care le considerăm proeminente în prezent și sunt susținute prin diferite școli de gândire, de unde provin? Deoarece mai devreme s-a propus ca acest studiu să încerce să identifice orice școli de psihologie modernă care pretind că reprezintă o medicină sau o psihologie antică, prin urmare, acest studiu va încerca acum să analizeze psihologia modernă și diferitele sale școli cu privire la modul în care se raportează la științele și doctrinele antice.

Această examinare va începe prin citirea a ceea ce Brett (1963) are de spus despre originile filosofice ale psihologiei moderne. În cartea sa "Datoria noastră față de Grecia și Roma", el justifică în mod inteligent ignorarea anumitor părți și aspecte ale filozofiei grecești, deoarece acestea nu servesc premiselor pe care încearcă să le stabilească:

„Când încercăm să estimăm datoria noastră față de greci și romani, este necesar să ținem cont de punctele exacte în care este posibil să declarăm cu onestitate că există orice datorie reală. Deoarece subiectul care trebuie apreciat este în acest caz psihologia, și orice există astăzi ca psihologie trebuie clasificat printre științe, punctele demne de luat în considerare trebuie să fie cele care formează un element permanent în evoluția acestei științe." (Brett, 1963, p.8)

De asemenea, el își arată în mod clar atitudinea față de filosofii sau oamenii de știință antici, numindu-i primitivi care au ajutat inconștient la găsirea locului omului în natură. Această atitudine emană din credința sa în evoluție și, prin urmare, în creștere, chiar și una intelectuală, ca fapt natural și de necontestat. Cum ar explica atunci numeroasele capodopere tehnologice și arhitecturale monumentale rămase din civilizațiile antice, ale căror științe nu avem practic nicio înregistrare, cu oamenii de știință moderni ghicind și argumentând modul în care au fost construite de mai bine de un secol? Să citim ce scrie el:

„Evoluția se manifestă în științe ca și în alte părți. La început "toate lucrurile erau împreună", dar în timp se realizează o separare, nediferențiatul devine distinct și haosul este redus la ordine. Acesta nu este efectul niciunui scop conștient. Este mai degrabă un proces imanent de creștere prin care masa materialului crește până când se rupe în părți distincte. . . . Criticii lipsiți de imaginație îi condamnă pe filozofii greci timpurii pentru că au încercat să rezolve mai întâi problema Universului. Căci metoda astfel urmărită inconștient a avut ca rezultat important descoperirea lentă și sigură a locului omului în natură." (Brett, 1963, p.12)

Deci, pentru Brett, "haosul" este de o stare mai înaltă decât "ordinea"; fiecare afirmație de mai sus se bazează direct pe teoria evoluției. Despre originea și natura psihologiei moderne, el scrie:

„Dacă folosim termenul psihologie în maniera obișnuită pentru a indica tot ceea ce se poate spune despre suflet, vom fi întâmpinați de la bun început cu această ambiguitate a înțelesului. Pretenția modernă că psihologia trebuie să fie

științifică înseamnă, în primul rând, că toate elementele speculative, fie că sunt numite pe bună dreptate religioase, morale, teologice sau spirituale, vor fi excluse în întregime din domeniul cercetării. Dacă făcând astfel o jumătate din subiect este eliminată, atunci psihologul modern se mulțumește să nu ia mai mult decât jumătatea sa. Când supranaturalul este astfel tăiat, rămâne naturalul, iar doctrina care rezultă poate fi numită doctrina naturalistă a organismului psihic. Acesta este practic punctul de vedere al psihologiei moderne și este foarte important să observăm că în acest punct metoda psihologiei devine distinctiv metoda lui Aristotel." (Brett, 1963, p.5)

Pe scurt, psihologia modernă este o știință naturalistă care nu are nimic de-a face cu sufletul, dar totuși definește și descrie ironic fiecare aspect al psihicului uman care face parte din sufletul uman; fără a elimina supranaturalul, psihologia modernă nu ar fi putut pretinde că toate fenomenele psihologice au o bază biologică. Acest lucru seamănă foarte mult cu struțul care își pune capul în nisip gândindu-se: "Știu că ești acolo, dar mă voi preface că nu ești acolo". Brett admite că supranaturalul există pur și simplu pentru că îl numește ambiguu, dar, desigur, decide să-l ignore cu totul, deoarece scapă puterilor științei moderne. Deși este posibil să fi existat și alții care nu au fost de acord cu el că psihologia modernă este aristotelică, totuși experiența autorului este cea pe care Brett o citează cel mai mult atunci când vine vorba de istoria psihologiei. Prin urmare, el a avut o mare influență asupra modelării credințelor privind istoria psihologiei moderne - în secolul al 20- lea. Într-un moment ulterior al cărții sale, el continuă astfel:

„Cititorul modern este îngrozit de ideea unei psihologii construite fără ideea că organismul conține nervi. Cu toate acestea, rămâne adevărat că cea mai mare contribuție la psihologie, tratatul lui Aristotel despre suflet, a precedat lucrarea școlii alexandrine. Acest fapt ridică câteva probleme interesante. Este, la urma urmei, necesar să știm ce este în noi ceea ce gândește, simte și vrea? Știm noi încă, sau întregul mecanism fiziologic este doar o masă colaterală de informații pe care încercăm să le potrivim punct cu punct cu cunoașterea noastră imediată a senzațiilor, voințelor și ideilor? Pare clar că există două moduri de abordare a subiectului și că ambele pot fi luate separat. Dar acesta nu este locul pentru a dezvolta argumente metafizice. Ceea ce este necesar în prezent este să explicăm celălalt tip de mașinărie pe care Platon și Aristotel au folosit-o și să arătăm cât de eficient a servit scopului. Una dintre problemele fundamentale și persistente ale psihologiei este prezentată de faptul că apar senzații." (Brett, 1963, p.21)

Este important de menționat că Aristotel nu a înțeles pe deplin și nu l-a urmat pe Platon în anumite probleme importante și tocmai de aceea Platon nu l-a numit pe Aristotel ca succesor al său, o discuție detaliată pe această temă depășește domeniul de aplicare al acestei cărți; cu toate acestea, Brett îi unește pe Platon și Aristotel, numindu-i dogmatici și aroganți, așa cum se vede mai jos, vrea să explice și să ne ajute să înțelegem mașinăria lor; ce ar putea fi mai impresionant decât să fii mai inteligent decât Platon și Aristotel? Ne confruntăm cu mai multe dificultăți în acest moment: sunt problemele metafizice relevante sau nu? Înțelegem noi cu adevărat doctrinele și definițiile grecești? Brett (1963) ascunde sub preș orice argumente metafizice, cele mai dificile probleme de cea mai înaltă natură filosofică precum neimportante sau irelevante. Cu toate acestea, mai târziu, în aceeași lucrare, el nu numai că stăruie asupra acestor chestiuni, dar emite decrete pe această temă:

„Grecii adoptau cu siguranță o metodă dogmatică a priori declarând că totul trebuie să aibă un început, un mijloc și un sfârșit; Dar nu trebuie să condamnăm această aroganță prea aspru, pentru că metoda a fost sincer ipotetică, un simplu truc de analiză și s-a dovedit foarte utilă. Consecința imediată a fost doctrina pneuma, o doctrină extraordinar de subtilă care a pătruns întreaga metodă și spirit al teoriilor psihologice din toate țările, de la începutul istoriei până în timpurile moderne." (Brett, 1963, p.23)

În pasajul următor vedem că Brett (1963), probabil în confuzie și incapacitate de a înțelege semnificația anumitor noțiuni subtile, cum ar fi "Pneuma", le ridiculizează ca un semn de aroganță a anticilor și o doctrină despre nimic pe care întreaga lume de la începutul istoriei până în timpurile moderne a acceptat-o în mod fals:

„Cititorul trebuie să înțeleagă că este posibil să existe o doctrină care este foarte utilă și foarte longevivă, dar care, strict vorbind, nu se referă la nimic. Acest fapt este un secret deschis în toate societățile erudite, dar nu ar trebui să fie cunoscut publicului larg, cu excepția cazului în care filozofia lui "Ca și cum" trebuie privită ca o publicație oficială a acestei doctrine ezoterice." (Brett, 1963, p.23)

Cu o agilitate atât de uimitoare, el trece repede la clarificarea semnificației lui "Pneuma", această doctrină despre nimic, prin simpla ghicire, arătând în același timp confuzia lumii cu privire la semnificația sa, așa cum reiese din multitudinea de astfel de semnificații:

„În consecință, orice curiozitate cu privire la natura reală a acestei pneuma trebuie privită ca un semn al rasei rele; Omul cu adevărat cultivat va înțelege că este important să cunoști doctrina pneuma, dar să nu cunoști nici o pneuma anume; în cea mai bună societate intelectuală, eticheta cerea grecului să vorbească ca și cum ar exista o pneuma. Posibil, la început, nu a existat un mare mister despre asta. Pneuma era pur și simplu aer, în special aer în mișcare. Dar oamenii obișnuiți sunt foarte relaxați în vorbirea lor și oferă multă muncă filologilor care insistă asupra distincției corecte între lucruri și nume." (Brett, 1963, p. 23-24)

Sugerează Brett mai sus că astfel de oameni au regresat intelectual până la punctul în care au făcut o doctrină de neînțeles din ceva atât de simplu ca aerul în mișcare?

Pentru o altă dovadă a acestei confuzii, să ne uităm la grecii timpurii din lucrarea lui Reeves (1958), unde arată clar această confuzie cu privire la semnificația noțiunilor grecești fundamentale în ceea ce privește psihologia:

„În timp ce gândirea modernă vest-europeană a încorporat mai târziu mult din Est, din punct de vedere istoric părem îndreptățiți să începem cu grecii timpurii. Acum, într-un magazin bogat, găsim o bază mai bună pentru înțelegerea psihologiei grecești timpurii, în special a conceptelor asociate cu (phrenes) ... Prin urmare, și aici ajungem la un punct crucial în înțelegerea concepțiilor homerice (phronein), care în greaca târzie a ajuns să însemne "a gândi" sau "a înțelege", în primul rând într-un sens intelectual, poartă în Homer un sens mai

cuprinzător, adică: cea a activității psihice nediferențiate, acțiunea (frenilor) care implică emoție și conație, precum și gândire... Până acum, bine, dar care este sensul lui (phrenes) așa cum este folosit de grecii timpurii? Onians s-a străduit să stabilească faptul că, deși în timpul tratatelor hipocratice și al lui Platon, (adică până în secolul al V-lea î.Hr.) Phrenes a ajuns să însemne "diafragmă", în Homer și tradiția pe care a reprezentat-o phrenes pare mai bine tradusă ca "plămâni". Acest lucru este important deoarece în literatura homerică (thymos), materia minții sau chiar conștiința, se spune că este conținută în frene." (Reeves, 1958, p.25-26)

Deci, nu este sigur ce este atribuit unui filosof grec timpuriu este, de fapt, în orice măsură, exact, dacă nu există nici o certitudine cu privire la semnificația vocabularului lor tehnic. Pe măsură ce Reeves continuă, vedem multe vocabulare diferite pentru respirație, minte, psihic și suflet.

O greșeală crucială în traducere este folosirea interschimbabilă a termenilor "suflet" și "spirit" ca referindu-se la aceeași noțiune atunci când studiază filosofii greci timpurii, cum ar fi Platon.

Deoarece, așa cum am citit mai sus, conform lui Brett (1963), filologii erau foarte preocupați de distincția corectă dintre lucru și nume, ei nu ar fi tolerat această confuzie de a numi același lucru două nume diferite, cu excepția cazului în care, desigur, nu erau aceleași lucruri. Poate apărea o obiecție aici cu privire la moneda materialului prezentat, acest studiu va analiza mai multe surse recente privind înțelegerea filozofiei grecești, mai jos.

În ediția editată și prescurtată a Istoriei psihologiei a lui Brett, Peters (1962), sub întrebări filosofice și metafizice, se adoptă în mod clar o poziție diferită:

„Încă trebuie să ne ocupăm de firele filosofice și metafizice din istoria lui Brett. Se spune adesea că oamenii știau cum să raționeze înaintea lui Aristotel, la fel cum știau cum să se comporte moral în fața lui Hume. Acești filosofi au încercat să explice ceea ce era implicit în raționamentul și moralitatea oamenilor.., Întrebările filosofice sunt extrem de importante în istoria psihologiei." (Peters, 1962, p.32)

Din nou, în Istoria psihologiei a lui Brett, credința lui Aristotel în Dumnezeu, supranatural, și rolul său în crearea universului nu permit în niciun fel psihologiei experimentale moderne și darwiniste să se numească în esență aristotelică. Într-un fel, un astfel de atașament devine destul de arbitrar după cum citim mai jos:

„Universul lui Aristotel, bazat pe interesul său în căutarea obiectelor de satisfacție de către organismele vii, a fost o serie teleologică complicată de evenimente care ating sau caută să atingă liniștea portretizată viu de satisfacția auto-contemplativă nesfârșită a lui Dumnezeu." (Peters, 1962, p.34)

O greșeală mai mare este de a relaționa psihologia modernă cu Platon, deoarece el și-a petrecut în mod clar toată viața ocupându-se de cercetarea metafizică și speculativă și respinge puternic simțurile, prin cuvintele lui Socrate, ca obstacole în calea adevăratei înțelepciuni; Următoarele două surse indică faptul că:

„Viața și filozofia lui Socrate erau dintr-o singură pânză. "Adevărații filozofi studiază mereu moartea", a spus el, nu anticipând subiectul actual la modă al morții și al morții, ci în lumina aceleiași înțelegeri a identității bunătății și cunoașterii care i-a călăuzit misiunea. Cu puterea rațiunii sufletului se înțelegeau formele lumii inteligibile, inclusiv forma supremă a Binelui. Simțurile erau obstacole în calea înțelepciunii, deoarece ele percepeau numai imagini - detalii obscure ale formelor universale. Moartea eliberează sufletul și permite cunoașterea pură a lumii eterne a formelor – "înțelepciunea în puritatea ei". (Mujeeb-ur-Rahman, 1990, p.60)

Al doilea exemplu este oferit de (Lloyd, 1999):

„Din nou, Platon, în unele dintre comentariile sale despre cei care au investigat natura, îi atacă în special pe cei pe care îi reprezintă ca atei, deoarece au văzut lumea ca un întreg ca produs al "naturii" și al "șansei", spre deosebire de "rațiune", "dumnezeu" și "artă", unde "natura" reprezintă în primul rând interacțiunea dintre cauza mecanică și efect. și unde forța principală a polemicii lui Platon este că acești teoreticieni au negat sau neglijat rolul unei inteligențe creatoare binevoitoare și divine." (Lloyd, 1999, p.36)

Trebuie să fim atenți aici, deoarece traducerea sufletului ca sinonim cu psihicul ridică în același timp aceeași obiecție că, dacă aceste entități erau aceleași, atunci de ce grecii foloseau terminologii diferite pentru ele? Mujeeb-ur-Rahman (1990, p.60) continuă:

„Semnificația profundă a lui Socrate pentru psihologie constă în faptul că el a descoperit ființa omului în psihicul său – sufletul. Psihicul avea o existență întunecată în gândirea

greacă; "Era o dublură nepieritoare, aerisită a corpului", în timp ce sinele era mai mult sau mai puțin identificat cu corpul perisabil, "scaunul cald și viu al conștiinței". Descoperirea sufletului de către Socrate constă în: a) localizarea sediului intelectului, moralității și valorii în psihic – adică în recunoașterea sufletului ca "o morală și personalitate intelectuală"; și b) în recunoașterea faptului că sufletul, nu trupul, este adevăratul sine – adică sediul conștiinței și sursa acțiunii intelectuale și morale. Auto-guvernarea era atunci pur și simplu regula adevăratului sine."

Freud și psihanaliza

Aici există un alt exemplu al unei școli moderne de psihologie care încearcă să se prezinte, destul de nedrept, ca întruchiparea unei filosofii antice, de Mujeeb-ur-Rahman (1990, p.61), avocatul zelos al psihologiei freudiene și psihanalizei:

"O viață neexaminată nu merită trăită", declarase Socrate; Dialogul său a deschis domeniul sufletului uman însuși pentru examinarea filosofică și psihologică. Angajamentul profund al lui Socrate față de cunoașterea de sine s-a bazat pe o convingere la fel de profundă a ignoranței sale și pe valoarea meschină a înțelepciunii lumești. Această conștientizare, și-a dat seama Socrate mai târziu, a făcut oracolul delfic să spună că "nimeni nu a fost mai înțelept" decât Socrate. Porunca delfică Cunoaște-te pe tine însuți cere o astfel de conștientizare socratică ca primă condiție în încercarea de a dobândi orice înțelepciune este posibilă în această lume. De asemenea, cere un respect pentru sine – convingerea că personalitatea umană are o valoare primordială și că secretul fericirii și al adevăratului sfârșit al vieții constă în perfecțiunea spirituală – într-o autocrație a sinelui. Freud a purtat moștenirea socratică în psihologia secolului al XX-lea. Cunoaște-te pe tine însuți a fost, de asemenea, rețeta psihanalitică pentru vindecarea și îngrijirea sufletului. Freud a descoperit că Oedip a fost într-adevăr paradigmatic, deoarece cunoașterea de sine este întotdeauna dureroasă. Este dureros pentru că în psihanaliză trebuie să înveți despre răul din tine însuți, mai degrabă decât despre bine într-o lume ideală; Înseamnă, de asemenea, eliberarea de moralitatea constrângerii sociale reprezentată de un superego irațional." (Mujeeb-ur-Rahman, 1990, p.61)

Cum poate pretinde cineva că concentrarea asupra Binelui și credința sa în prezența acestui Bine în noi și, inversarea sa, concentrarea lui Freud asupra impulsului distructiv din noi, și anume Complexul Oedip, sunt unul și același? Cum ar putea Freud, un credincios ferm în teoria evoluției și în darwinism, naturalist în esență, să-l reprezinte pe Socrate care credea ferm într-o lume ideală eternă, ale cărei adevăruri puteau fi cunoscute numai prin moarte și părăsirea acestui corp pentru lumea supranaturală / supraformală (vezi mai sus)? Cum s-ar compara aderarea lui Socrate la constrângerile morale și legile Atenei cu prețul propriei vieți cu libertatea lui Freud față de moralitatea constrângerilor sociale? O parte din prezentarea lui (O'Connor, 2001) este oferită aici, însă un argument mai complet, care arată încercările de a estompa latura profetică a lui Socrate și devotamentul său față de Divin și, prin urmare, de a face posibilă, de exemplu, compararea lui Freud cu Socrate, necesită examinarea restului extraselor din articolul său, mai jos:

„Cele mai interesante încercări de a face stranietatea lui Socrate tratabilă nu urmează această cale de banalizare a laturii sale profetice. Ei încearcă mai degrabă să o naturalizeze, astfel încât vocea divină să devină un aspect al facultăților psihologice ale lui Socrate, mai degrabă decât o teofanie. Norii lui Aristofan nu menționează accesul său la "divinități ciudate", dar îl prezintă pe Socrate ca pe un cercetător necredincios al naturii, după moda altor filosofi naturali ai vremii. El contemplă "lucrurile de sub pământ și lucrurile din ceruri" și privește de sus la treburile omenești cu dispreț îngâmfat. Acest Socrate neagă existența zeilor, sau cel puțin a zeilor care au vreun interes providențial față de oameni și nu

arată niciun interes pentru niciuna dintre întrebările despre virtute și viața comunitară atât de caracteristice lui Socrate platonic și xenofontic. Singurul acces la divinități noi din acest portret al lui Socrate vine prin înțelegerea filosofică, pe care oricine cu talentul intelectual potrivit ar putea să o aibă. Socrate al lui Aristofan inspiră tineri ambițioși să trăiască conform naturii, înțeleasă în lumina acestei negări a preocupării zeilor pentru treburile umane. Standardul natural care iese la lumină cu greu poate distinge fiara de om sau omul de Dumnezeu și autorizează cele mai îngrozitoare excese de incest și patricid, ca și cum ar elibera Oedip în noi toți."
(O'Connor, 2001)

Prin urmare, psihanaliza nu poate reprezenta Platon sau Socrate, iar medicamentele tradiționale construite pe doctrinele lor. Poate reprezenta o interpretare exagerată a acelei imagini a lui Socrate făcută de Aristofan, cu care celelalte două relatări despre el, și anume cea a lui Platon și cea a lui Xenofon, nu sunt de acord.

Psihologia Gestalt

Deși psihologia Gestalt, în virtutea abordării sale de sus în jos, seamănă cu filosofiile antice, Murphy, un apărător al psihologiei Gestalt, încearcă să prezinte psihologia Gestalt ca întruchipare a ideii platonice:

„Putem spune, cu alte cuvinte, că formalismul psihologiei moderne Gestalt, căutând principii abstracte de cunoaștere, memorie și așa mai departe, reprezintă o întruchipare a ideii platonice." (Murphy, 1968,p.50).

Destul de interesant, el se ușurează cu ușurință pe sine și pe noi de a atribui un gând sau altul lui Pitagora și Platon, din greșeală:

„Nu se știu prea multe despre Pitagora sau despre oricare dintre adepții săi imediați. Ei au împărtășit fascinația și entuziasmul celor care au făcut descoperiri care transcend lumea comunicării obișnuite și au menținut fraternitatea secretă a tăcerii lor de-a lungul întregii perioade a descoperirilor lor. Ei ne-au învățat o gamă largă de lucruri care ne nedumeresc. Lucrul de bază despre ei, pentru istoria științei, este că au descoperit rolul numărului în vasta întreprindere pe care o numim știință. Împreună cu atomiștii, pe de o parte, și platonicienii, pe de altă parte, au definit baza unei structuri cosmice ordonate, o structură ordonată a individualității umane, și o structură socială. Putem face multe greșeli cu privire la ceea ce ne-au învățat, dar acest lucru este de importanță secundară. Ideea principală a ceea ce au predat este foarte clară. Pericolul nu este că le atribuim în mod fals una

sau alta, ci greșim în gândirea noastră contemporană despre ce sunt numerele." (Murphy, 1968, p.4)

După cum arată dovezile de mai sus, niciuna dintre școlile moderne de psihologie nu reprezintă cu adevărat o filozofie sau psihologie antică a grecilor timpurii, cum ar fi Pitagora, Socrate, Platon și Aristotel, pentru toți pentru care punctul de plecare al cercetării a fost "cunoscutul", o certitudine. De ce o astfel de încercare copleșitoare de a conecta istoric știința modernă la grecii antici? Poate că ceea ce a rezistat testului timpului mai mult este mai credibil. În articolul său "Seducțiile lui Socrate", O'Connor (2001) încearcă să scoată în evidență câteva dintre motivele pentru care atât de mulți filosofi și oameni de știință au încercat să se atașeze de Socrate:

„Socrate a murit acum 2.400 de ani în luna iunie. Mai exact, a fost executat, un criminal condamnat pentru o acuzație capitală. Cât de în serios și-a luat Atena filozofii! Îl umple pe savantul modern de invidie mai mult decât de groază, că cineva ar putea muri pentru o astfel de cauză. Cele mai multe dintre școlile filosofice majore din primele șase secole după moartea sa și-au urmărit originile până la Socrate și au contestat viguros alți pretendenți la moștenirea socratică. Stoicii, scepticii și cinicii l-au revendicat cu mândrie ca fondator și l-au privit ca pe înțeleptul lor exemplar. Mileniul și jumătate care a urmat, dominat de creștinătate și apoi de "noua știință", l-a înlocuit cu alte exemple, dar războaiele lui Socrate au izbucnit din nou în mod serios în ultimele două secole. Iluminismul a găsit în el un erou și martir al rațiunii autonome, în timp ce romantismul a simțit arderea vechii sale flăcări când a redescoperit ironia ca vehicul privilegiat al filozofiei. Chiar și astăzi, acestea sunt cele două tabere

interpretative cu care se afiliază moștenitorii încă în litigiu." (O'Connor, 2001)

O'Connor (2001), explică în continuare caracterul lui Socrate ca sursă de atracție:

„Ajută să începem cu criticii lui Socrate, mai degrabă decât cu admiratorii săi. Cele mai importante "critici" pe care le avem înregistrate sunt acuzațiile formale aduse împotriva lui, iar procurorii (Anytus, Meletus și Lycon) au fost cei mai serioși critici. Ei l-au acuzat pe Socrate de "introducerea unor divinități ciudate" și de "coruperea tinerilor". Acestea nu sunt două acuzații separate, ci aspecte ale aceleiași sarcini. "Divinitățile ciudate" ale lui Socrate sunt o parte crucială a poveștii despre modul în care a influențat tinerii ambițioși, iar inima misterului său se află aici. Socrate pretindea că are ceva divin care îi dădea sfaturi infailibile, un fel de voce care venea la el din când în când, de obicei pentru a-l descuraja de la un anumit curs de acțiune. Destul de des, dădea și un avertisment cu privire la unul dintre asociații săi. Interpreții antici și moderni au încercat să facă ceva mai puțin straniu din acest dar profetic al lui Socrate. Tendința contemporană este de a-l vedea ca pe un fel de sughiț epistemologic, întrerupând expresia altfel netedă a raționalismului socratic. În orice caz, Platon și mai ales Xenofon au prezentat atitudinea lui Socrate față de științele naturii ca fiind antiteza naturalismului ateu al lui Socrate al Norilor. În schimb, Socrate critică explicațiile materialiste ale cosmosului, insistând că o explicație mai bună trebuie să apeleze la minte și la scopurile divine. Xenofon a încercat să arate că accentul pus de Socrate pe providență a avut efecte morale bune asupra tovarășilor săi." (O'Connor, 2001)

Revenind la posibila obiecție că neînțelegerea Greciei antice, așa cum reiese din lucrările lui Brett (1963), este ceva din trecut, să ne uităm la câteva surse actuale. Lloyd (1999) introduce problema relației dintre "tradițional" și "științific" ca fiind de obicei un contrast între "primitiv" și "civilizat", "pre-logic" sau "pre-științific" și "logic" sau "științific". El, ca mulți alții, presupune că logica, care este în mod inerent o facultate umană, nu a existat până la un anumit moment în istoria omenirii, o presupunere justificată numai dacă darwinismul și progresismul ar fi fapte dincolo de orice îndoială rezonabilă:

„Acest studiu, ca și Polaritatea și analogia mea, este o contribuție la ceea ce s-ar putea crede a fi, până acum, o problemă foarte gravă. și anume relația dintre ceea ce se poate numi de modele "tradiționale" și "științifice" de gândire. Nu este greu să sugerăm motive pentru rolul dominant al acestei probleme în scrierile antropologice timpurii sau pentru modul în care a fost adesea reprezentată ca o chestiune de contrast polar între societățile "primitive" și "civilizate" sau între două mentalități distincte, una "pre-logică" sau "pre-științifică" și cealaltă "logică" sau "științifică". Dar inacceptabilitatea evidentă a termenilor în care unele aspecte ale problemei au fost dezbătute în secolul al XIX-lea și începutul secolului al XX-lea nu înseamnă nici că nu a existat nicio problemă, nici că rezolvarea ei a fost acum convenită." (Lloyd, 1999, p.1)

Bazându-se pe aceleași ipoteze, darwinism și progresism, Lloyd (1999) face un mare efort pentru a arăta tranziția de la magie la știință, ignorând în același timp prametrele corupției și degenerării, care au dus la dispariția multor mari civilizații, cu capodoperele științei și tehnologiei lor, monumente inspiratoare de venerație, încă în fața noastră.

Această neglijare, la rândul său, duce la pierderea posibilității ca, înainte de a crede în magie, grecii și anticii să fi avut alte credințe care, prin corupție și degenerare, s-au transformat în credințe magice, așa cum indică propriile sale citate din Heraclit. Nu este posibil ca aceste civilizații antice, în timp ce se aflau la apogeul puterii lor tehnologice, să fi suferit de fapt de o mare corupție filosofică, politică și socială și de degenerare care a dus la dispariția lor? În caz contrar, Roma nu ar fi căzut, iar faraonii ar fi comandat în continuare țara piramidelor. O explicație plauzibilă pentru faptul că timp de șase secole î.Hr. multe personalități grecești au luptat împotriva acestor degenerări este:

„În timp ce un număr de scriitori din secolele al șaptelea, al șaselea și începutul secolului al V-lea pot fi reprezentați ca inovatori religioși, cei doi critici expliciți timpurii remarcabili ai anumitor noțiuni religioase tradiționale grecești sunt Xenofan (c. 570-470 î.Hr.) și Heraclit (activ la cumpăna dintre secolele al VI-lea și al V-lea). Xenofan s-a opus concepției proaste a zeilor la Homer și Hesiod mai întâi pe motive morale. "Homer și Hesiod au atribuit zeilor tot ceea ce este rușinos și un reproș între oameni, hoția, adulterul și înșelarea reciprocă", dar el a satirizat și antropomorfismul în general. "Dar oamenii", spune el, "cred că zeii se nasc și că au haine, voci și forme ca ale lor". În primul text existent pentru a aduce la cunoștință ceea ce alte societăți credeau despre zei, el spune: "etiopienii spun că proprii lor zei sunt negri și negri, tracii spun că ai lor sunt cu ochi albaștri și roșcați". Un alt fragment încearcă să reducă antropomorfismul la absurd, făcând o analogie cu animalele: "Dacă boii, caii și leii ar avea mâini și ar putea desena cu mâinile lor și produce opere de artă ca oamenii, caii ar desena formele zeilor ca niște cai, iar boii ca

boii și și-ar face trupurile așa cum au fiecare dintre ei". În locul antropomorfismului brut pe care îl respinge, el propune o idee despre Dumnezeu ca Minte divină, o noțiune care, desigur, este încă influențată de un model uman, chiar dacă se spune că zeul său "nu este ca muritorii nici în formă, nici în gândire". Cu Heraclit, gama de noțiuni și practici religioase atacate este extinsă. Astfel, într-un fragment, el condamnă purificările rituale după crimă și rugăciunea la statui: "Ei purifică, ei înșiși poluându-se și mai mult cu sânge, ca și cum un om care a pășit în noroi l-ar spăla în noroi: ar fi considerat nebun dacă cineva l-ar remarca făcând asta. Și se roagă la aceste statui, ca și cum cineva ar vorbi cu casele, fără să știe deloc cine sunt zeii și eroii. Într-un alt pasaj, el se referă în special la religia dionisiacă: "Căci dacă nu ar fi fost Dionysos că ei țineau procesiuni și cântau imnul falilor, ar fi fost un act nerușinat: dar Hades și Dionysos, în onoarea cărora înnebunesc și îndeplinesc ritualuri bahice, sunt la fel". Aici și în altă parte, s-ar putea ca el să nu obiecteze la actele în sine, ci la îndeplinirea lor în ignoranță cu privire la adevărata lor semnificație, adică la adevărata natură a zeului sau zeilor cărora le sunt adresate." (Lloyd, 1999, p.11-12)

Pasajele de mai sus ar trebui să fie suficiente ca dovadă pentru a arăta că grecii au degenerat moral și intelectual până la apariția lui Socrate.

Un alt exemplu de neînțelegere a grecilor antici și de confuzie este contrastul dintre White (2001) și Henry (1997). White (2001) susține că Platon a mutat lumea cu doi pași înapoi în ceea ce privește știința:

„În cadrul dezvoltării științifice, Democrit a făcut un salt înainte, iar Platon a mutat lumea cu doi pași înapoi. "Platon

a fost un mare filosof", a declarat un istoric, "dar în istoria științei experimentale el trebuie să fie considerat un dezastru". Și cu cel mai mare elev al lui Platon, Aristotel, lumea a făcut încă un pas înapoi." (White, 2001, p.2-3)

Este demn de menționat faptul că Aristotel nu a fost cel mai mare elev al lui Platon, cel puțin nu conform lui Platon însuși, care nu l-a ales ca succesor al său. În timp ce White (2001) îi învinovățește pe Platon și Aristotel pentru întârzierea avansării științei, Henry (1997), pe de altă parte, deși inițial respinge noțiunea că matematizarea naturii și, prin urmare, progresul în știință, s-a datorat introducerii viziunilor platonice sau pitagoreice asupra lumii, prin munca sa încearcă să demonstreze că maeștrii revoluției științifice, cum ar fi William Gilbert, Johannes Kepler, Robert Boyle și Issac Newton erau toți platonici în viziunea lor asupra lumii. Prin urmare, el leagă progresul științei de reintroducerea ideilor platonice și de opoziția sa față de viziunile aristotelice asupra lumii:

" 'Matematizarea naturii', care a fost văzută ca un element important în Revoluția științifică, a fost atribuită unei schimbări majore în sistemul metafizic care a stat la baza tuturor conceptelor lumii fizice, introducând moduri platonice sau pitagoreice de a privi lumea pentru a înlocui metafizica aristotelică a filozofiei naturale medievale. Lucrări recente au arătat inadecvarea acestui punct de vedere din mai multe motive și au indicat o relatare alternativă a schimbării atitudinilor față de matematică. Mai simplu spus, Revoluția științifică a văzut înlocuirea unei atitudini predominant instrumentaliste față de analiza mecanică cu o perspectivă mai realistă." (Henry, 1997, p.2)

Cu toate acestea, de-a lungul operei sale, Henry (1997) arată continuu afilierile platonice:

„Concepțiile magice pot fi văzute jucând un rol important în gândirea unui număr de gânditori de frunte. Lăsând la o parte filosofii chimici, pentru care nu trebuie făcut nici un caz, lista ar trebui să-i includă pe William Gilbert, Johannes Kepler, Robert Boyle și Isaac Newton (p.48-50) ... Pentru a explica de ce Dumnezeu ar trebui să folosească elipse în loc de cercuri (sau sfere), Kepler s-a inspirat din tradiția pitagoreică și neoplatonică a armoniilor cerești. Aceeași tradiție a armoniilor cosmice pitagoreice sau neoplatonice poate fi văzută la lucru în scrierile lui Isaac Newton (p.50). Pentru Newton, întotdeauna influențat de modurile platonice de gândire, spațiul era "un efect emanent al lui Dumnezeu", o revărsare din ființa lui Dumnezeu care oferea imensitatea lumii.„ (Henry, 1997, p.76)

Știința modernă, în general, și psihologia modernă, în special, se uită mai bine la atașarea istorică de sofiști (Sophists), al căror punct de plecare al cercetării a fost "îndoiala":

„Ce a fost în esență ceea ce tinerii de pe piață au vrut să discute? Care au fost problemele? Ei bine, în primul rând, problema a ceea ce poate fi cunoscut. Sofiștii (și cuvântul înseamnă înțelepți sau cei care pretind a fi înțelepți) au rezolvat problema în termenii incognoscibilității tuturor lucrurilor ultime, fie că este vorba de cosmogonie, de societatea umană sau de sufletul individual. Grupul a fost condus de oameni foarte puternici. Dacă citim dialogul lui Protagoras sau alte dialoguri ale lui Platon, descoperim că îndoiala lor nu era o îndoială minoră. Aceasta a fost o cercetare profundă a sufletului, în care efortul a

fost de a găsi ceea ce poate fi cunoscut cu adevărat. Contururile acestui tip de gândire ne sunt relativ bine cunoscute în ceea ce privește tradiția noastră mai recentă. Ne gândim la îndoielile lui Descartes, care s-a îndoit și s-a îndoit până când în cele din urmă a fost sigur că el a fost cel care s-a îndoit, și ne gândim mai târziu la Hume și la scepticismul său arcuit și la încercarea kantiană de a salva un fel de cunoaștere practică dintr-un vârtej de incognoscibilitate. Aceasta este ceea ce sofiștii se specializau în definirea – incognoscibilitatea lumii – iar Socrate este preocupat în principal să cerceteze natura îndoielii însăși și să vadă dacă nu ne putem îndoi de îndoială." (Murphy, 1968, p.45)

Dacă există ceva de care știința modernă se poate atașa, din punct de vedere istoric, fără îndoială este Descartes, Darwin și teoria evoluției, și nu filosofii antici precum Pitagora, Socrate, Platon și Aristotel, așa cum se vede în prezentările de mai sus.

Pe scurt, am văzut factorii care au dus la dispariția medicinei tradiționale și la superioritatea politică și economică a medicinei moderne. Am observat în mod specific rolul central al darwinismului ca linie de demarcație între medicina tradițională și cea modernă. În plus, a devenit clar că există o neînțelegere semnificativă a filosofiilor antice, cum ar fi filosofia greacă, și o confuzie vizibilă cu privire la originile științei moderne. În special, niciuna dintre școlile moderne de psihologie nu reprezintă psihologia tradițională. Prin urmare, acest studiu va analiza documentele istorice produse de științele tradiționale și medicină pentru a verifica criteriile de identificare a școlilor tradiționale de medicină, propuse de acest studiu în secțiunea metodologie.

CAPITOLUL III

Metodologia

Acest studiu este propus să urmeze metoda istorică. Deoarece cea mai mare parte a cercetării se uită la manualele antice și la istoria științei în general și la medicină și psihologie în special, modelul istoric pare a fi metoda potrivită. Revizuirea literaturii a arătat că școlile cu adevărat tradiționale de psihologie nu pot fi găsite printre școlile moderne de psihologie prezente astăzi. Prin urmare, acest studiu va revizui literatura produsă de școlile tradiționale de medicină și/sau psihologie. Prin psihologia tradițională, această lucrare se referă la sisteme de medicină și psihologie care:

1. Au o doctrină a Universului care nu este materialistă sau mecanicistă, ci este mai degrabă holistică, adică crede că Universul este un întreg integrat sau o entitate organică, care nu poate fi înțeleasă pur și simplu printr-o înțelegere a părților sale;
2. Au un lanț istoric lung și neîntrerupt de înregistrări academice sau Master-Discipol de transmitere ;
3. Au o educație și / sau formare formală ca o condiție prealabilă pentru practicarea profesiei respective;
4. Au o teorie cuprinzătoare și consecventă privind etiologia, diagnosticarea, discriminarea modelelor și principiile de tratament ale bolilor, inclusiv tulburările psihologice;
5. Au o înregistrare a practicii clinice și un compendiu de prescripție. Din nou, McGirr și Stoddart (1991) oferă un început bun:

Când studiem, la nivel mondial, întreaga întindere a istoriei medicale, putem rezuma diferitele tipuri sau ramuri ale medicinei, moderne și premoderne, după cum urmează:

1. Diferitele sisteme ale medicinei tradiționale

i. Medicina ayur-vedică (India)

ii. Acupunctura (China)

iii. Medicina șamanică (tibetani, indieni nord-americani și alte popoare hiperboreene)

iv. Medicina spagyrică (greco-arabă)

v. Medicina animistă (Africa Subsahariană)

2. Homeopatia (secolul al 19- lea)
3. Medicina tehnologică modernă

Acest studiu va limita, din motive practice, prezentarea sa la acupunctura și medicina tradițională chineză și medicina spagyrică. După cum este prezentată literatura istorică, acest studiu încearcă să "identifice un set de criterii care ar putea servi drept standard în acceptarea unui set de tratamente antice ca fiind "tradiționale" și, prin urmare, să încerce să pună capăt confuziei", să "caute tratamente și metode oferite de psihologia tradițională" și să "ofere câteva tratamente practice pentru tulburările psihologice" pentru a extinde gama de tratamente și metode aplicabile tulburărilor mentale și psihologice.

CAPITOLUL IV

Date

Psihologie tradițională și psihiatrie:

medicina spagirică

Pentru a înțelege nucleul medicinei spagyrice, să observăm ce au scris McGirr și Stoddart (1991):

„Medicina greacă s-a bazat pe teoria celor patru umori (humors): bilă neagră, bilă galbenă, flegmă și sânge. Cele patru umori se refereau mai mult la domeniul subtil sau psihic decât la cel corporal sau fizic, iar adjectivele derivate din ele sunt folosite până în zilele noastre, când temperamentele umane sunt descrise ca melancolice, colerice, flegmatice sau sanguine. Un ecou al teoriei grecești poate fi auzit și atunci când cineva este descris ca fiind "cu umor bun" sau "cu umor rău". Latura practică a medicinei grecești a fost numită "spagyric", un termen derivat din formula alchimică: Solve et coagula (echivalentul grecesc fiind: span = a separa sau dizolva și ageirein = a asambla sau coagula."

Descrierea de mai sus servește la identificarea rădăcinii medicinei spagyrice, pe măsură ce citim mai departe în lucrarea de mai sus, legătura cu medicina arabă devine clară:

„Teoria celor patru umori a fost expusă pentru prima dată de Empedocle (c. 490-430 î.Hr.) și a fost o parte integrantă a sistemelor lui Hipocrat și Galen. A fost, de asemenea,

îmbrățișată de Platon (427-347 î.Hr.), care s-a referit la ea în Timaeus, și Aristotel. Pentru Platon, trupul era organul sufletului nemuritor, iar boala apărea atunci când trupul și sufletul erau în conflict. Galen a aprobat preeminența sufletului și subordonarea trupului față de el. Boala a fost concepută ca o răpire a echilibrului sau ca o abatere de la normalitate. Teoria greacă a celor patru umori a fost aprobată de monoteiști, evrei, creștini și musulmani deopotrivă. În lumea islamică, școlile principale de medicină spagyrică erau la Jundishapur în Persia și Alexandria în Egipt. Prima lucrare majoră a unui medic islamic a fost Paradisul înțelepciunii de către polimatul persan At-Tabari, care a înflorit în prima jumătate a secolului al IX-lea, d.Hr. În tratatele sale, At-Tabari se bazează nu numai pe învățăturile lui Hipocrate și Galen, ci și pe medicina ayur-vedică a hindușilor. El a combinat aceste învățături cu propriile sale perspective originale, iar lucrarea sa constituie o sinteză monumentală a teoriei și practicii medicale medievale timpurii. Un alt medic islamic celebru a fost elevul lui At-Tabari, Rhazes (secolul al 10-lea). Rhazes a fost un maestru al sistemului tradițional grecesc și, în același timp, un medic observațional talentat. Este considerat unul dintre cei mai mari clinicieni ai Evului Mediu. Medicul islamic cel mai bine cunoscut în Occident este, fără îndoială, Avicenna (secolul al 11-lea). În timp ce Hipocrate a fost numit "părintele medicinei", Avicenna a câștigat apelativul "Prințul medicilor". Opera sa principală a fost Canonul medicinei. Scrisă în arabă, a fost curând tradusă în latină și a exercitat o influență considerabilă în întreaga Europă timp de mai multe secole. Savanții creștini și evrei frecventau școlile musulmane, iar prima mare școală medicală occidentală, la Salerno în Italia, a fost de inspirație greco-islamică. În Spania maură, renumitul teolog evreu

> *Maimonide (1135-1204) a fost 72 de ani medicul califului din Cordoba, precum și al unui număr de alți conducători."* (McGirr și Stoddart, 1991).

Pentru o mai bună înțelegere a medicinei greco-musulmane, scrierile lui Nasr (1976, p.153) sunt de mare ajutor:

> *„Medicina islamică și subiectele sale conexe, cum ar fi farmacologia, chirurgia și altele asemenea, și-au luat hrana spirituală din mesajul islamului și hrana lor din solul bogat al medicinei greco-alexandrine, indiene și persane. Rezultatul a fost crearea unui câmp extins care să cuprindă aproape fiecare ramură a științelor medicale, aproximativ paisprezece secole de istorie și o vastă zonă geografică care se întinde din sudul Spaniei până în Bengal, deoarece în acest domeniu special aproape toate regiunile lumii islamice au adus unele contribuții. . În același mod în care în matematică doctrina islamică centrală a unității (al-tawheed) și aplicarea acesteia au fost în acord cu filosofia pitagoreică a numerelor și au făcut integrarea matematicii grecești în perspectiva islamică posibilă, o altă doctrină islamică de bază, și anume cea a armoniei și echilibrului, a făcut ca filosofia care stă la baza tradițiilor hipocratice și galenice să fie ușor digerabilă de către musulmani. Principiul echilibrului dintre naturi și umori a devenit cu ușurință o parte a viziunii islamice asupra naturii, deoarece era doar un exemplu particular al unui principiu universal enunțat de Islam și formând unul dintre aspectele cardinale ale viziunii sale asupra cosmosului și a situației omului în cadrul acestuia."* (Nasr, 1976, p.153)

În ceea ce privește predarea și practica efectivă a acestei medicini, Nasr (1976) continuă după cum urmează:

„În ceea ce privește predarea efectivă a medicinei, deși principiile sale generale au fost predate în madrasah, majoritatea aspectelor clinice, precum și chirurgia, farmacologia și altele asemenea au fost predate în spitalele la care, de obicei, a fost adăugată o școală medicală. Unii medici remarcabili și-au învățat studenții în cercuri private, la casele lor sau în alte locuri special desemnate pentru astfel de întâlniri. O mare parte din de instruire au avut loc, de asemenea, în cercuri familiale sau în dispensare private sau farmacii, în special în ceea ce privește farmacologia ... ., Instituția spitalului a fost moștenită de musulmani atât de la perși, cât și de la bizantini. Deja, înainte de apariția islamului, spitalul din Jundishapur, lângă actualul oraș persan Ahvaz, a fost o instituție medicală majoră în care, pe lângă îngrijirea pacienților, instruirea medicală a fost efectuată pe scară largă. Beneficiind de existența acestor instituții, musulmanii și-au creat curând propriile spitale." (Nasr, 1976, p.154)

Despre teoria medicinei islamice, Nasr (1976) continuă:

> *„Teoria medicinei islamice este legată în mod inextricabil de întreaga metafizică, cosmologie și filozofie islamică, deoarece obiectul medicinei, adică omul, este un microcosmos care recapitulează în sine întreaga existență și este, de fapt, cheia înțelegerii existenței. În ceea ce privește teoria generală a medicinei islamice, baza ei se bazează pe cele două doctrine cardinale ale tuturor cosmologiilor tradiționale, și anume structura ierarhică a cosmosului și corespondența dintre microcosmos și macrocosmos la care se face aluzie mai devreme în această carte. În ceea ce privește domeniul specific al medicinei în sine, cu cele patru elemente și cele patru naturi își începe de obicei discuția teoretică. În ceea ce privește elementele și naturile, trebuie amintit că în medicină, ca și în fizică și alchimie, ele trebuie să fie considerate pur și simplu focul, aerul, apa și pământul găsite în natură, nici frigul, căldura,*

uscăciunea și umiditatea pe care omul le simte în diferitele anotimpuri ale anului. Mai degrabă sunt principiile elementelor și calităților brute numite cu aceleași nume în limbajul zilnic." (Nasr, 1976, p.159)

Nasr (1976) încearcă să clarifice noțiunile subtile ale acestei teorii medicale prin:

„Dar nici umorile, nici amestecul lor nu sunt cauza vieții. Ele sunt doar vehiculul care face posibilă manifestarea vieții. Medicii musulmani cred în spiritul (ruh) care coboară asupra acestui amestec de umori și care este corpul subtil care stă intermediar între corpul fizic compus din umori și forța vieții care vine din cele de sus. Merită să tragem o asemănare cu cuvintele ruh și rih (vânt sau aer) în arabă și cu doctrina galenică că prin aerul respirat de organism forța vieții intră în corp. De asemenea, este important să observăm că în arabă, ca și în multe alte limbi, cuvintele pentru respirație (nafas) și suflet (nafs) sunt legate. Aici se află un principiu cosmologic profund, care este, de asemenea, legat de invocarea Numelui lui Dumnezeu (dhikr) ca tehnică centrală a sufismului pentru realizarea spirituală." (Nasr, 1976, p.160)

În expunerea sa detaliată și frumos ilustrată, Nasr (1976) enumeră diferitele ramuri ale medicinei islamice ca: Anatomie și Fiziologie, Igienă și Sănătate Publică, Medicină Internă, Oftalmologie și Chirurgie. El oferă apoi detalii suplimentare despre medicii majori și scrierile lor. Cea mai interesantă relatare este cea a descoperirii circulației minore a sângelui:

„Dar cel mai important discipol al său din punct de vedere pur medical a fost 'Ala al-Din ibn Nafis, în același timp filosof, teolog și medic, care a fost numit "al doilea Ibn Sina" și care a lucrat atât în Damasc, cât și în Cairo. Deși Ibn al-Nafis a fost sărbătorit în întreaga lume islamică,

inclusiv în Persia și India, de la moartea sa în 687/1288, abia în 1924 un medic egiptean, Muhyi al-Din al-Tatawi, a descoperit că cu secole înainte de Servet și Colombo, Ibn al-Nafis a explicat corect circulația minoră a sângelui. Aceasta a fost una dintre cele mai importante descoperiri din istoria medicinei și a făcut ca numele lui Ibn al-Nafis să fie celebrat în Occident ca adevărații predecesori ai lui William Harvey, mai degrabă decât Servetus și Colombo, care au fost creditați până atunci cu descoperirea circulației minore. Deși linia de transmisie nu este clară, Servetus, Colombo și alți scriitori occidentali ar fi putut de fapt să afle despre opiniile lui Ibn al-Nafis prin traduceri ale lui Andrea Alpago." (Nasr, 1976, p.180)

În ceea ce privește farmacologia, Nasr (1976) separă în mod clar știința farmacognoziei, referitoare la medicamentele simple și medicamentele compuse. Pe farmacologie citim următoarele:

> *„Lăsând la o parte problema teoriei naturilor și umorilor și a gradelor de intensitate ale naturilor incluse în proprietățile fiecărui medicament, toate acestea fiind strâns legate de teoriile medicale galenice, cunoașterea reală a medicamentelor moștenite de musulmani din surse anterioare este mult mai dependentă de sursele persane și indiene decât este cazul în alte ramuri ale medicinei. Sasanizii posedau deja o cunoaștere extinsă a diferitelor medicamente, în special a ierburilor, și există chiar și termeni farmacologici Pahlavi în limba greacă. De asemenea, medicina indiană a avut acces la o lume foarte bogată de ierburi, precum și minerale folosite pentru medicamente, foarte diferite de cele ale grecilor."* (Nasr, 1976, p.185)

Despre starea actuală a medicinei islamice, Nasr (1976, p.190-2) scrie că, ca urmare a occidentalizării medicinei în întreaga lume islamică, medicina islamică tradițională și farmacologia au supraviețuit doar în subcontinentul Indiei. Numai în ultimii ani, din cauza deficiențelor medicinei moderne occidentale, interesul pentru medicina tradițională islamică a fost reaprins. În anumite țări, cum ar fi Persia, există încercări semnificative la nivel intelectual, prin programe universitare, de a readuce medicina islamică tradițională, iar remediile pe bază de plante devin disponibile în pachete moderne.

Pentru a prezenta tratamentele psihologice ale medicinei spagyrice, această lucrare va oferi secțiuni relevante ale lucrărilor celor mai cunoscuți susținători ai acestui medicament, Avicenna (Ibn Sina, c. 980-1037). Următorul material reprezintă câteva secțiuni ale Canonului de Medicină scris de Avicenna care sunt traduse din persană de către autor:

„Canonul Medicinei este alcătuit din cinci cărți și șapte volume. Următoarea este o scurtă descriere categorică a conținutului fiecărui volum: Volumul I: Conține patru științe ale descrierii științei medicinei, Cauzele și simptomele bolii, Despre sănătate și boală și moartea inevitabilă, Metode de tratament pentru boli comune. Acest volum acoperă teoria de bază; anatomie; diagnostice generale, cum ar fi tipuri de boli, diferite simptome cu o singură cauză, fiziologie, modele de boală, diagnosticul pulsului, urină și fecale; creșterea copiilor, exerciții fizice, geriatrie, tratamente constituționale, efecte sezoniere, sănătatea călătorilor; Metode de tratament ale bolii comune.

Volumul II: Conține legile naturale referitoare la utilizarea medicamentelor; evaluarea proprietăților medicinale ale medicamentelor unice; Efectele farmacologice ale medicamentelor și aplicațiile sale în următoarele domenii: frumusețe, umflături și tumori, răni și ulcere, articulații, regiuni ale capului, ochi și componentele sale conexe, organe toracice și respiratorii, organe interne, organe excretoare, febră, otrăvuri și toxine.

Volumul III: Boala capului și a creierului care este împărțită în continuare în: diagnosticul bolii capului și creierului, tipuri de dureri de cap, umflături și rupturi în cap, boli ale capului care afectează simțurile și funcțiile mentale, boli ale capului care afectează funcțiile voluntare;

Boli neurologice; anatomia și fiziologia ochilor și boala ochilor: aspectul general al ochilor, boala globului ocular, pleoapele și împrejurimile, viziunea și stările sale; Urechile; nasul; gura și limba; dinții, gingiile și buzele; gât; plămânii și pieptul: voce și respirație, voce, tuse și hemoptizie; umflături și răni ale organelor din jurul pieptului, cu excepția inimii, gestionarea tuberculozei; despre inimă: anatomia și fiziologia inimii, explicații detaliate privind boala inimii; Sânii și problemele sale conexe.

Volumul IV: Esofag și stomac: anatomie, fiziologie și patologie a stomacului, simptome de boală ale stomacului și tratamentele acestora, dureri de stomac, slăbiciune a stomacului și a poftei de mâncare, boli ale sistemului digestiv, tipuri de inflamații și ulcere ale stomacului, inclusiv tumori, ipohondrie și mediul înconjurător al stomacului; Ficat: ficat în general, slăbiciune și alte probleme ale ficatului, umflături și rupturi ale ficatului, apă în ficat; Vezica biliară și splina: fiziologia anatomiei vezicii biliare și tipurile de icter, boala splinei; Intestinele și rectul: anatomia și fiziologia intestine și funcția de defecare, tratamentul oricărui tip de diaree.

Volumul V: Durerile intestinale și tratamentele sale; Tratamentul colicilor, Introducerea Ileus, anumite detalii privind boala intestinală; viermi abdominali; boala anusului; rinichi: rinichi în general, umflături și rupturi ale rinichilor; vezică urinară și urinare: vezica urinară, urinarea și tulburările urinare; organe de reproducere masculine: organe de reproducere în general și instinct sexual, organe legate de ejaculare, excluzând instinctul sexual; obstetrică: la a rămâne gravidă și a naște, a sarcinii și a nașterii; boala uterului, excluzând umflăturile și tumorile, obstacolele în calea graviței; boala cronică a suprafeței corpului: Leziuni, amploarea și localizarea acestora, durerea suprafeței și a părților exterioare ale corpului.

Volumul VI: Febră în general: febră zilnică, febră datorată infecțiilor; prognosticul bolii prin semne precoce: criza bolii, semne ale perioadei de criză, semne bune sau rele în timpul crizei; Timp de criză, zile de criză, succesiune de criză; umflături și răni: umflături și răni fierbinți și putrede, umflături reci și altele asemenea,; rupturi ale tendoanelor și cartilajelor, cu excepția fracturilor și fixarea: răni scurte, cruste, contuzii, rupturi și rupturi, dureri, căderi, leziuni, hemoragii; Răni; tendoane și os; Stabilirea fracturilor: separări articulare, fracturi în general, fracturi ale organelor specifice.

Volumul VII: Otrăvuri: otrăvuri luate prin gură și tipuri de otrăvuri, carne de animale otrăvită, mușcături și înțepături de insecte dăunătoare, mușcături de oameni și mamifere, tipuri de insecte dăunătoare; frumusețe și estetică: părul capului și mătreața, culoarea pielii, tipurile de erupții cutanate, bolile metabolice; Farmacopee: introducere, nevoia de medicamente compuse, medicamente compuse enumerate în Farmacopee (agrabadin) include douăsprezece secțiuni: Theriaca majoră (antidoturi) și electuare (decoctări), purgative în detaliu, digestive, medicamente sub formă de pulbere pentru adulți și copii, compuși dactilo, siropuri și sosuri, Gemuri și murături, pastile, decoctări și pastile mari, uleiuri, unguente și creme; medicamente compuse specifice bolii."

Toate subiectele de mai sus au numeroase subsecțiuni. După cum puteți vedea, cantitatea de informații este prea vastă pentru a fi revizuită în această lucrare. Un punct important căruia trebuie acordat atenție este faptul că abordarea Avicenna a tulburărilor psihologice se bazează exclusiv pe prezentările clinice ale pacientului. Continuând traducerea din persana originală:

> *„Unii medici cred că schizofrenia este cauzată de posesia de către "Jinn", totuși, pentru noi, cei care învățăm medicina, nu are nicio importanță, indiferent dacă (schizofrenia) este cauzată de "Jinn" sau nu. Afirmăm: Indiferent dacă schizofrenia este cauzată de "Jinn" sau nu, temperamentul pacientului devine atrabil (cel al bilei negre), melancolic. Prin urmare, cauza sa imediată este prezența bilei negre (patologice). Nu ne interesează dacă este cauzată de "Jinn" sau nu."* (Avicenna, 1991, vol. 3-1, p.126)

După mai mult de un secol de luptă, Manualul de Diagnostic și Statistic al Tulburărilor Mentale (DSM-IV), al Asociației Americane de Psihiatrie, a adoptat exact aceeași poziție, în care a adoptat o abordare ateoretică a tulburărilor psihologice. Acesta definește criteriile de diagnostic al tulburărilor psihologice, în funcție de prezentarea clinică a fiecărei tulburări, și nu dacă cauza este psihologică sau fizică. Un exemplu comparativ este analiza unui criteriu de tulburare psihologică din DSM-IV și modul în care se traduce în limbajul tehnic al MTC este furnizat în secțiunea privind medicina tradițională chineză, de mai jos.

Această lucrare va prezenta doar discuția despre o tulburare psihologică din lucrarea lui Avicenna, violent Mania, ca exemplu, continuând traducerea din persana originală:

> *„Ce este Mania? Mania, nebunia bestială. Comportamentul asemănător câinelui este un tip de manie, în care furia și furia sunt însoțite de jucăuș, prostie și chinuirea altora, în timp ce pacientul se simte întotdeauna justificat să acționeze ca atare, așa cum se vede la câini."*

Se știe că cauza acestui tip de manie și schizofrenie este aceeași. Ambele sunt cauzate de bila neagră. Diferența lor este că cauza maniei este bila neagră (patologică, nu fiziologică) care este produsă fie datorită bilei galbene consumate (arse), fie datorită bilei negre consumate. Și dacă se datorează bilei negre consumate, este cel mai rău tip. Cu toate acestea, cauza schizofreniei este penetrarea bilei negre fiziologice în vase sau se datorează flegmei consumate sau sângelui consumat. Flegma consumată rareori provoacă manie, deși flegma consumată poate provoca schizofrenie.

Schizofrenia se datorează adesea penetrării bilei negre în vase. Dar, mania se datorează adesea generării de bilă neagră în partea frontală a capului sau a substanței creierului. Deoarece mișcarea substanței spre creier este similară cu mișcarea substanței delirului fierbinte.

În schizofrenie, există suspiciune, frică și calm și nici o anxietate severă. În manie, există întotdeauna anxietate, neliniște, temperament rău și violență. Și pacientul se uită la ceilalți în același mod în care fiarele feroce se uită la alții.

Mania, similară cu delirul fierbinte, provoacă nebunie, cu diferența că adesea nu există febră în manie. Dar, delirul fierbinte nu este niciodată lipsit de febră.

Comportamentul asemănător câinelui este un tip de manie, pacientul este secretos și încăpățânat, dar în același timp ușor manierat și plăcut. Suspiciunea în această boală nu este la fel de semnificativă ca în manie, ca și cum sursa acestei boli este în sânge. Apare adesea în primăvară și vară, iar vântul de nord uscat pare să-și marcheze debutul în mod semnificativ.

Se întâmplă foarte mult că dezvoltarea hemoroizilor vindecă mania. Dacă mania este cauzată în special de căldură și uscăciune în ficat, uneori când pacientul dezvoltă ascită sau picături, mania este vindecată datorită umezelii bolii recente. Uneori, mania, afectează stomacul, de unde purjarea stomacului pacienților alungă mania.

Simptome: mania, în general, are anumite simptome, care, la rândul lor, au simptome specifice suplimentare. În general, schimbările în aspectele senzoriale și comportamentale ale pacientului, așa cum s-a discutat mai sus, reprezintă manie. Anumite semne pot fi folosite pentru a prezice mania, cum ar fi: coșmar cu căldură în creier, acumularea de sânge în picioare care le face roșii sau coagularea sângelui în sânul femeilor. Toate acestea sunt semne ale tendințelor corupte din sânge.

Cazul coșmarurilor cu căldură în creier poate fi manie sau s-ar putea datora faptului că sângele începe să se corupă în organele cu căldură fiziologică deficitară. În acest caz, trebuie să tratați sângele pentru a preveni deteriorarea creierului. Dacă cele de mai sus se întâmplă după ce mania a apărut mult timp, aceasta poate duce la vindecarea maniei.

Adesea, apariția maniei în faza acută a bolii severe este un semn al bolii care trece prin criză. Dacă simptomele au indicat o îmbunătățire, atunci este începutul crizei (vindecare). Uneori, agravarea simptomelor maniacale indică o criză de manie în sine.

Dacă mania este cauzată de bila neagră consumată, simptomele sunt că pacientul la început este în gândire și calm. După un timp, pacientul începe să se miște și să vorbească sensibil. Cu toate acestea, mișcările se repetă și pacientul nu mai poate rămâne calm, pierderea în greutate se accelerează și pacientul devine negru, coșmarurile devin mai deranjante și pacientul poate vomita un material acru care poate fierbe pe pământ.

Dacă mania se datorează bilei negre induse de bila galbenă, starea de spirit a pacientului alternează rapid între temperament rău și calm, nu este la fel de violentă, dar este neliniștită, deprimată și anxioasă.

Tratament:

> *„Dacă se datorează epuizării umorilor, atunci sângerați vena. Dacă bilele au preluat corpul, semnele sale le veți cunoaște din urină și alte simptome, atunci pentru bila neagră indusă de bila galbenă utilizați decoctul "sosului minor" sau decoctul de "myrobalan" pentru a curăța bila. Pentru cazul bilei negre simple, pur și simplu curățați bila folosind decoctul de "sos minor"."* (Avicenna, 1991, p.121-4)

Există numeroase alte formule sugerate în funcție de prezența simptomelor specifice, prezentarea lor completă depășește amploarea acestei lucrări. Scopul aici este de a arăta prezența diferitelor cerințe ale unei medicini tradiționale, așa cum este subliniat la începutul acestui capitol, în medicina spagirică.

Medicina tradițională chineză (MTC)

Istoria MTC

Există multe referințe despre istoria MTC: Flaws and Lake (2001), Maciocia (1994), Veit (1972); cu unele dezacorduri cu privire la datând primele mari scrieri medicale din China, și anume "Clasicul Împăratului Galben al medicinei interne". Această lucrare este atribuită celor trei împărați legendari chinezi considerați zeități ale Chinei antice.

Flaws and Lake (2001), prezintă o trecere în revistă a istoriei TCM direct legată de psihiatria medicală chineză. În lucrarea lor citâm:

„Istoria timpurie a medicinei chineze este povestea evoluției de la o medicină religioasă / spiritistă bazată pe strămoși și demoni la o medicină profesională seculară bazată pe filosofia naturală. În timpul dinastiei Shang (1523-1027 î.Hr.), tratamentul medical a fost administrat de așa-numiții șamani wu și a constat în principal în îmbunarea strămoșilor nefericiți. În timpul dinastiei Zhou (1027-480 î.Hr.), acești șamani wu au continuat să-și împace strămoșii, dar au petrecut din ce în ce mai mult timp exorcizând și împăcând demonii prin magie simpatică. Începând cu mijlocul anului 500 î.Hr., găsim menționarea în sursele scrise care au supraviețuit a noțiunii că boala poate fi cauzată și de factori de mediu, cum ar fi vântul, ploaia, întunericul și strălucirea. De asemenea, găsim mențiuni despre patru clase sau tipuri de medici separați de șamanii wu: medici, chirurgi, dieteticieni și chirurgi veterinari. Până la dinastia Han (206 î.Hr.-220 CE), această medicină seculară bazată pe filosofia naturală a fost ferm fondată. Principalele sale teorii sunt ceea ce Paul U.

Unschuld numește "corespondență sistemică" și ceea ce Birch și Felt numesc "paradigma qi". " (Flaws și Lake, 2001, p.3)

Un lucru de menționat în acest moment este că majoritatea celorlalte referințe sunt de acord cu prezentarea de mai sus a medicinei chineze ca medicină naturalistă, dar ca medicină seculară, nu toată lumea este de acord. Maciocia (1994) afirmă următoarele:

„Conceptul de suflet eteric este strâns legat de credințele antice chineze în spirite, fantome și demoni. Conform acestor credințe, spiritele, fantomele și demonii sunt creaturi asemănătoare spiritelor care păstrează un aspect fizic și rătăcesc în lumea spiritului. Unele sunt bune, iar altele sunt rele. În vremurile anterioare anului perioadei Statelor Războinice (476-221 î.Hr.), astfel de spirite au fost considerate a fi principala cauză a bolilor. Începând cu perioada Statelor Războinice, credința în cauzele naturaliste ale bolilor (cum ar fi vremea) a ajuns treptat în prim plan; Cu toate acestea, credința în spirite nu a dispărut niciodată cu adevărat, nici măcar până în prezent." (Maciocia, 1994, p.201)

Conceptul de Suflet Eteric va fi explicat mai jos. Pentru a obține o mai bună înțelegere a teoriilor fundamentale ale medicinei tradiționale chineze, legate de psihologie, o discuție mai detaliată va fi oferită mai jos. Această discuție va ajuta, de asemenea, la stabilirea unei comparații între MTC și medicina occidentală modernă. Flaws and Lake (2001), în conformitate cu teoria introductivă, dezvoltă conexiunea corp-minte în medicina chineză:

„Medicina chineză se bazează pe o viziune foarte diferită asupra lumii decât cea a medicinei occidentale. Nu mai târziu de vremea lui Rene Descartes, occidentalii au avut tendința de a gândi în termeni de divizare corp/minte. Există corpul și există mintea, și mulți filosofi și oameni de știință occidentali au încercat să deslușească relația dintre

acestea două. Pentru a înțelege psihiatria medicală chineză, trebuie să înțelegem în primul rând că nu există un astfel de dualism între corp și minte în medicina chineză. Corpul este baza materială a minții, care este văzută ca expresia naturală a funcțiilor corpului. După cum afirmă Li și Liu, autorii cărții Zhong Yi Jing Shen Bing Xue (psihiatrie chineză), "Esența, sângele, fluidele și umorile sunt baza materială a spiritului [sau minții]". Deoarece nu există în mod fundamental nici o diviziune între corp și minte în medicina chineză, nu există nici o prejudecată teoretică sau ierarhie în medicina chineză a funcțiilor sau simptomelor psihologice asupra somatice. Din cauza acestei non-dualități între psihic și soma, evenimentele fiziologice din corp pot duce la senzații mental-emoționale. Relația cauzală dintre psihic și soma în medicina chineză este complet bidirecțională." (Flaws, & Lake, 2001, p.15)

În încercarea de a explica unul dintre motivele pentru care tratamentele extinse ale bolilor psihologice de către medicina chineză nu sunt cunoscute pe scară largă, Flaws and Lake (2001) scriu:

> *„Până în prezent, mulți studenți occidentali și practicieni ai medicinei chineze au crezut că medicina chineză modernă este în primul rând o medicină bazată pe somatică și că acordă puțină atenție bolilor psihologice. Această opinie eronată, dar larg răspândită, este, cel puțin parțial, o funcție a non-dualității psihicului și soma în medicina chineză. Deoarece aceste două aspecte ale realității umane nu sunt clar împărțite în medicina chineză, mulți occidentali nu au reușit să vadă și să aprecieze exact modul în care medicina chineză tratează, de fapt, bolile psihologice. Interesant este că oamenii de știință sociali occidentali ajung din ce în ce mai mult să vadă aceeași non-dualitate. De exemplu, psihiatrii occidentali, după cum reiese din DSM-IV, împart în mod obișnuit bolile psihiatrice în anxietate, somatoforme sau tulburări de dispoziție (printre altele). Cu toate acestea, acum, antropologii*

medicali, cum ar fi Richard J. Castillo, specializat în antropologie psihiatrică, spun că "Studiile interculturale indică faptul că simptomele somatice sunt cele mai frecvente manifestări clinice ale tulburărilor de anxietate la nivel mondial (Kirmayer, 1984; Kirmayer &; Weiss, 1994)." (Flaws, & Lake, 2001, p.15-6)

Medicina tradițională chineză are propria terminologie și vocabular tehnic. Este important să introducem pe scurt conceptele fundamentale și terminologiile aferente acestora pe măsură ce continuăm. Despre minte și spirit, Flaws and Lake (2001) scriu după cum urmează:

„Există o serie de termeni diferiți folosiți în chineză pentru a semnifica psihicul sau mintea. Acestea includ inima (xin), mentalitatea (xin li), reflecția (yi), memoria (ji yi), spiritul (shen), spiritul inimii (xin shen), lumina spiritului sau strălucirea spiritului (shen ming), spiritul esenței (jing shen), mintea (zhi), mintea de reflecție (yi zhi), mintea spiritului (shen zhi), puterea inteligenței (zhi li) și creierul (tou nao). Deși fiecare dintre acești termeni are propriile utilizări și conotații, termenii cei mai frecvent utilizați în literatura medicală chineză pentru minte sunt spiritul și termenii compuși care includ cuvântul spirit, în special esența spirit (jing shen). De exemplu, în dicționarul medical englez-chinez, toți termenii medicali occidentali care încep cu prefixul "psycho-" încep cu chinezescul jing shen, iar dacă cineva merge la volumul însoțitor al acestui dicționar, Chinese-English Medical Dictionary, și caută jing shen, sensurile primare sunt "spirit, minte, psihic". De asemenea, Concise English-Chinese Chinese-English Dictionary definește jing shen ca minte sau conștiință, jing shen bing ca boală mintală sau tulburări mintale și se referă la psihiatrie ca jing shan bing xue,

literalmente, studiul bolii spiritului esenței. Prin urmare, pentru a înțelege modul în care majoritatea medicilor chinezi contemporani înțeleg mintea în contextul medicinei chineze, trebuie mai întâi să înțelegem semnificațiile chinezești ale cuvântului "spirit"." (Flaws, & Lake, 2001, p.16)

Cuvântul "spirit" are trei semnificații de bază în medicina chineză. În primul rând, se referă la manifestările exterioare ale activităților de viață ale organismului, inclusiv manifestările activităților fiziologice și fiziopatologice normale. În al doilea rând, spiritul se referă la conștiință și la funcția gândirii-simțirii. În al treilea rând, spiritul se referă, de asemenea, la ceea ce este responsabil pentru toate mișcările și schimbările din lumea fenomenelor. Este forța creatoare și motivatoare a naturii "a cărei substanță nu poate fi văzută, dar a cărei funcție poate fi văzută. Vezi (Flaws, & Lake, 2001, p.16).

Într-o prezentare la fel de detaliată, Maciocia (1994) discută natura minții în medicina chineză. În capitolul despre problemele mental-emoționale cităm:

„Mintea (shen) este una dintre substanțele vitale ale corpului. Este cel mai subtil și non-material tip de Qi. Cuvântul shen este adesea tradus ca "spirit" în cărțile și școlile occidentale de acupunctură; din motive care vor fi mai clare pe măsură ce discuția progresează, cred că "mintea" este o traducere mai precisă, în timp ce ceea ce am numi "spirit" în Occident este complexul tuturor celor cinci aspecte mental-spirituale ale unei ființe umane, adică Sufletul eteric (Hun), Sufletul corporal (Po), Intelectul (Yi), Puterea voinței (Zhi) și Mintea (shen) în sine. Cuvântul shen este folosit în Clasicul Împăratului Galben de Medicină Internă cu multe de semnificații diferite. Cele două semnificații principale care ne preocupă aici sunt următoarele:

1. Shen indică activitatea gândirii, conștiinței, înțelegerii și memoriei, toate acestea depinzând de inimă. Traduc asta ca "Minte".

2. Shen indică complexul tuturor celor cinci aspecte mental-spirituale ale unei ființe umane, adică Mintea însăși. Sufletul eteric, sufletul corporal, intelectul și puterea voinței. Eu traduc asta ca "spirit". Există un alt sens al cuvântului Shen, care este frecvent menționat în legătură cu diagnosticul. În acest context, cuvântul shen indică o calitate nedefinită și subtilă a "vieții". "înfloritoare" sau "sclipici" care poate fi observată în sănătate. Această calitate se aplică tenului, ochilor, limbii și pulsului, după cum se va explica mai jos. . Una dintre cele mai importante caracteristici ale medicinei chineze este integrarea strânsă a corpului și a minții, care este evidențiată prin integrarea Esenței (Jing), Qi și Minții, numită "Cele trei comori". " (Maciocia, 1994, p.197)

Cauzele bolii, în general, precum și psihologice în medicina chineză sunt împărțite în trei categorii: cauzele externe (vânt, frig, căldură, umezeală, uscăciune, căldură de vară), cauzele interne (bucurie, gândire, anxietate, tristețe, frică, frică, furie) și nici cauze interne, nici externe (dieta defectuoasă, lipsa de reglementare între activitate și liniște, lipsa disciplinei în treburile dormitorului, iatrogeneza, dependența de droguri, paraziți); în plus, există cauze ale bolii Fostului Cer (Former Heaven) și cauze ale bolii Cerului Târziu (Latter Heaven). Cauzele bolii fostului cer se referă fie la cauze moștenite, fie la cauze sau cauze dobândite sau generate in utero, vezi (Flaws, & Lake, 2001, p.17-32)

În ceea ce privește cauzele bolii, Maciocia (1994), pe lângă cauzele bolii menționate de Flaws and Lake, expune clasificarea sa anterioară de mai sus. În primul rând, el relatează fiecare aspect a ceea ce crede că ar trebui numit "spirit" cu un complex specific de "canal organ-energetic" al medicinei chineze:

> În special, organele Yin sunt mai direct responsabile pentru activitățile mentale. Fiecare organ Yin "găzduiește" un anumit aspect mental-emoțional al unei ființe umane. Acestea sunt:
>
> - Mintea (Shen)
>
> - Inima, Sufletul eteric (Hun)
>
> - Ficatul, Sufletul corporal (Po)
>
> - Intelectul plămânilor (Yi)
>
> - Puterea voinței Spleen (Zhi) - Rinichii. (Maciocia, 1994, p.200)

Maciocia (1994) explică mai târziu activitățile și aspectele mental-emoționale care se referă la fiecare dintre aspectele menționate mai sus ale "spiritului". Putem numi acestea funcțiile Sufletului Eteric, ale Sufletului Corporal, ale Intelectului și ale Puterii Voinței. Înțelegerea unor astfel de relații formează baza pentru diagnosticul și tratamentul bolilor mental-emoționale în medicina chineză. În primul rând, citām despre sufletul eteric:

„Sufletul eteric corespunde în linii mari conceptului nostru occidental de "suflet" sau "spirit". Conform credințelor antice chinezești, intră în organism la scurt timp după naștere. Eteric în natură, după moarte supraviețuiește corpului și curge înapoi în "Rai" (Tian); acesta este vechiul concept chinezesc de "Rai", adică o stare de energii și ființe subtile și nemateriale și, prin urmare, nu are nimic de-a face cu conceptul occidental și creștin de "Rai"... Există trei tipuri de suflet eteric:

unul vegetativ comun plantelor, animalelor și ființelor umane; un animal comun animalelor și ființelor umane; și una umană care este prezentă numai în ființele umane... Natura și funcțiile sufletului eteric pot fi rezumate în șapte titluri: somn și visare, activități mentale, echilibrul emoțiilor, ochi și vedere, curaj, planificare și relația cu mintea." (Maciocia, 1994, p.201)

În continuare cităm discuția despre Sufletul Corporal:

„Sufletul Corporal se află în plămâni și este omologul fizic al Sufletului Eteric. Este strâns legată de corp și ar putea fi descrisă ca expresia somatică a sufletului... Există șapte tipuri de suflet corporal: cele 5 simțuri, membrele și sufletul corporal ca întreg. În ceea ce privește mișcarea, sufletul corporal conferă corpului capacitatea de mișcare, agilitatea, echilibrul și coordonarea mișcărilor." (Maciocia, 1994, p. 205)

Maciocia (1994) explică funcțiile și aspectele Sufletului Corporal ca:

„Sufletul și Esența Corporală, copilăria, simțurile, emoțiile, activitățile fiziologice, respirația, Sufletul Corporal și viața individuală, relația dintre Sufletul Corporal și Sufletul Eteric și Anus. Sub prima relație de mai sus, Maciocia (1994) face o analiză interesantă a cauzelor erupției eczemelor atopice și astmului la copii. Cititorii interesați văd," (Maciocia, 1994, p.205).

Ceea ce este mai interesant este faptul că Avicenna în Cannon of medicine afirmă, mai sus, că uneori un pacient maniacal este vindecat după ce dezvoltă hemoroizi, legătura dintre suflet și anus fiind coroborată de medicina tradițională chineză. În ceea ce privește intelectul, în timp ce explică funcțiile și relațiile sale, Maciocia (1994, p.207) face o distincție între amintirile recente și cele de mult trecute:

> *„Intelectul se află în splină și este responsabil pentru gândirea aplicată, studierea, memorarea, concentrarea, concentrarea și generarea ideilor. Qi-ul post-natal și sângele sunt baza fiziologică a intelectului. Astfel, dacă splina este puternică, gândirea va fi clară, memoria bună și capacitatea de concentrare, studiere și generare de idei va fi, de asemenea, bună."*

Cât despre puterea voinței Maciocia (1994, p.208) scrie:
„Cuvântul Zhi are cel puțin trei sensuri:
1. Indică "memorie"
2. Indică puterea voinței. .

> *Traduc "Zhi" ca Voință-Putere, ținând cont de faptul că include și semnificația "memoriei" și capacitatea de memorare și amintire. În acest sens, rinichii influențează capacitatea noastră de memorare și stocare a datelor. În cel de-al doilea sens, rinichii sunt neputincioși care indică unitatea, determinarea, fermitatea în urmărirea obiectivelor și motivației. . . Astfel, dacă rinichii sunt puternici, voința este puternică și persoana va avea determinare și determinare în urmărirea obiectivelor."*

Despre noțiunile originale de boală psihologică în medicina chineză, Flaws and Lake (2001, p.4) relatează:

> *„La sfârșitul dinastiei Han, autorul Nan Jing (clasicul dificultăților) a descris și clasificat în continuare cele două diviziuni fundamentale ale bolilor mintale în medicina chineză: retragerea și mania. Categoria chineză de boală*

medicală de retragere acoperă totul, de la depresie la sincopa epilepsiei, în timp ce mania acoperă toate stările excitate, agitate și hiperactive. În "Dificultatea 20", autorul Nan Jing spune: "Yang dublu duce la manie; dublu yin are ca rezultat retragerea", în timp ce în "Dificultatea 59", se spune: Cum se poate distinge mania și retragerea? Răspuns: La începutul emisiei [sau izbucnirii] maniei, există puțină culcare și nici foame. Unul [vorbește] despre sine [ca și cum] înălțat și vrednic [de onoare]. Cineva discriminează [sau subliniază] inteligența [specială] și se comportă într-un mod arogant și arogant. Unul zâmbește frenetic, cântă, este fericit și se mișcă frenetic fără pauză. În timpul izbucnirii inițiale a retragerii, mintea nu este fericită. Unul stă rigid, privind drept [înainte]. Pulsațiile celor trei poziții, yin și yang, sunt toate exuberante."

Legătura dintre psihiatria tradițională și cea modernă

Teoria medicală chineză este destul de elaborată și constă în filosofia Yin-Yang și aplicațiile sale deductive la tot ceea ce există în Univers. MTC are, de asemenea, o doctrină puternică asupra celor cinci elemente, care este în unele moduri conceptuale similară cu umorile din teoria galenică a de medicină, dar în multe privințe teoria celor cinci elemente este drastic diferită. Există un mecanism foarte elaborat de control și contracarare, precum și generarea unui element de către celălalt. Ca exemplu de tulburări psihologice, această lucrare prezintă mai întâi un exemplu al legăturii dintre DSM-IV și MTC, arătând modul în care MTC interpretează criteriile de diagnostic oferite de DSM-IV. Criteriul pentru tulburările de anxietate, conform DSM-IV este următorul:

A. Anxietate excesivă și îngrijorare, care apar mai multe zile decât nu un timp de cel puțin 6 luni, despre o serie de evenimente sau activități (cum ar fi munca sau performanța școlară).
B. Persoana consideră că este dificil să controleze sau să oprească procesul de îngrijorare atunci când dorește.
C. Anxietatea și îngrijorarea sunt asociate cu cel puțin trei (sau mai multe) dintre următoarele șase simptome prezente pentru mai multe zile decât nu în ultimele 6 luni.

Notă: Un singur element este necesar la copii.

1. Neliniște sau senzație de cheie sau pe margine

2. Fiind ușor obosit

3. Dificultate de concentrare sau minte goală

4. Iritabilitate

5. Tensiunea musculară

6. Tulburări de somn (dificultate de a adormi sau de a rămâne adormit sau somn neliniștit, nesatisfăcător)

D. Anxietatea, îngrijorarea sau simptomele fizice provoacă suferință

semnificativă din punct de vedere clinic sau afectare socială, ocupațională sau alte domenii importante de funcționare.

E. Tulburarea nu este atribuită efectelor fiziologice ale unei substanțe (de exemplu, un drog de abuz, un medicament) sau unei alte afecțiuni medicale (de exemplu, hipertiroidism).

F. Tulburarea nu este explicată mai bine de o altă tulburare mintală (de exemplu, anxietate sau îngrijorare cu privire la atacuri de panică în tulburarea de panică, evaluare negativă în tulburarea de anxietate socială [fobie socială], contaminare sau alte obsesii în tulburarea obsesiv-compulsivă, separarea de atașament figuri în tulburarea de anxietate de separare, amintiri ale evenimentelor traumatice în tulburarea de stres posttraumatic, creșterea în greutate în anorexia nervoasă, plângeri fizice în tulburarea de simptome somatice, defecte de aspect percepute în tulburarea dismorfică corporală, a avea o boală gravă în tulburarea de anxietate de boală sau conținutul de delir credințe în schizofrenie sau tulburare delirală).

SURSA: DSM-V; APA, 2013

În acest moment, voi încerca să traduc criteriile de mai sus în limba medicinei tradiționale chineze, cu o mare acuratețe, responsabilitățile funcționale atribuite organelor interne nu sunt exhaustive, discuții complete se găsesc în cărțile privind teoria de bază a MTC:

A. Anxietatea excesivă și îngrijorarea dăunează splinei. Splina este deteriorată de alți factori patologici, cum ar fi frigul, umezeala, flegma, vacuitatea Qi (deficit de energie), prin urmare, deteriorarea funcției splinei de către unul dintre factorii de mai sus ar putea duce, de asemenea, la îngrijorare excesivă și anxietate. Tratamentul constă în disiparea sau eliminarea factorului (factorilor) patogen(i) și fortificarea splinei, utilizând medicamente adecvate.

B. 1. Neliniștea este în general atribuită "hiperactivității lui Yang", focului, focului vid. Hiperactivitatea yang poate fi cauzată de deficiența yin (complementul yang) în cea mai mare parte a rinichilor, ficatului sau inimii, tratată prin hrănirea yin-ului prin medicamente îmbogățite cu yin. Focul se referă la căldura excesivă și patologică acumulată în organism sau într-un organ, poate fi cauzată de consumul excesiv de alimente fierbinți și picante, furie și frustrare excesivă, acumularea de flegmă și leziuni traumatice care provoacă stază de sânge în canalele și vasele de legătură din organism. Aceasta afectează mai ales stomacul, ficatul și inima. Tratamentul constă, în principal, în curățarea căldurii, prin medicamente adecvate. Focul de vid este o versiune mai pronunțată și mai prelungită a hiperactivității yang.

2. Oboseala ușoară este cauzată în principal de deficiența Splinei Qi (energie), vacuitatea sângelui și, în unele cazuri, de foc (patologic).

3. Dificultate de concentrare sau mintea goală, cauzată, de asemenea, în principal de deficiența Splinei Qi și de vacuitatea sângelui (a inimii).

4. Iritabilitatea se datorează în principal stagnării energiei în ficat, care este, la rândul său, adesea cauzată de deficiența sângelui sau yin a ficatului.

5. Tensiunea musculară este, de asemenea, cauzată de eșecul ficatului de a hrăni tendoanele și mușchii sau vântul hepatic (patologic), ambele putând fi cauzate de deficiența sângelui hepatic sau yin, de obicei însoțită de deficiența energiei splinei. În, cazul vântului hepatic, există spasme ale mușchilor sau pleoapelor.

6. Tulburări de somn. În MTC, diferite modele sunt responsabile pentru somnul de cădere difficuly, decât cele pentru eșecul de a rămâne somn, din nou diferit de modelul pentru cel al somnului neliniștit sau cel al somnului nesatisfăcător. Modelele sunt în principal: deficit de sânge, deficit de yin, hiperactivitate de yang sau foc și, respectiv, deficit de splină Qi.

A. Generalitatea anxietății și îngrijorării nu oferă informații suplimentare. Acum, să ne uităm la ceea ce oferă Flaws and Lake în această categorie:

Categorizarea Bolii Chineze:

În medicina chineză, simptomele pe care medicina occidentală le clasifică ca tulburări de anxietate sunt în mare parte clasificate ca spaim și frică (jing kong), palpitații de frică (jing. . ji) și trepidații înfricoșătoare (zheng chong).

<u>Cauzele bolilor medicale chineze și mecanisme de boli:</u>

> *În medicina chineză, această boală este considerată a fi cauzată în primul rând de vacuitatea obișnuită a corpului și de stimularea recurentă a celor șapte afecte. Acestea afectează intern cele trei viscere ale inimii, ficatului și splinei. Acest lucru duce apoi la neregularitatea funcției viscerelor și intestinelor, perturbarea fluxului de qi și sânge și, prin urmare, epuizarea substanțială și deteriorarea. Dorințele neîmplinite sau daunele cauzate de furie pot duce la depresie hepatică, stagnare qi. Datorită relației reciproce strânse dintre ficat și splină, repleția qi hepatică duce de obicei la vacuitatea qi a splinei. Dacă depresia hepatică persistă și se transformă în foc, această căldură malefică poate consuma și deteriora fluidele yin. Când această căldură rea se aprinde în sus, ea poate hărțui inima și tulbura spiritul. Pe de altă parte, gândirea excesivă și prea multă îngrijorare și anxietate pot deteriora direct inima și splina, provocând o viditate a inimii cu sânge qi. În acest caz, spiritul va fi lipsit de hrană și, de obicei, va deveni și neliniștit. Dacă vacuitatea splinei duce la generarea flegmei și depresia hepatică duce la căldură transformatoare, atunci o combinație de căldură flegmă poate hărțui spiritul inimii. De asemenea, este posibil ca stagnarea qi de durată să ducă la staza sângelui. Dacă acest sânge static obstrucționează intern, poate priva spiritul inimii de hrană și poate bloca orificiile inimii. Adesea, o astfel de stază de sânge se combină cu căldura depresivă, formând astfel stază termică. În acest caz, căldura hărțuiește spiritul, în timp ce staza blochează orificiile. Până acum,*

cititorul ar trebui să fie conștient de faptul că există relații reciproce strânse între ficat și splină, splină și inimă, ficat și rinichi, qi și flegmă, qi și sânge, qi și căldură. Prin urmare, în practica din viața reală, aceste mecanisme diferite ale bolii tind adesea să se complice reciproc.

Tratament bazat pe discriminarea modelului:

Vacuitatea Qi a inimii &. modelul de staza a sângelui
Principalele Simptome:

Apariția bruscă a tensiunii, fricii și groazei, tensiunea care se întinde de la Da Zhui (GV 14) la cap, un sentiment de condamnare și apropierea morții care provoacă gemete neîncetate, ședere neliniștită, plâns și oftat, respirație rapidă, tulbure, sărituri rapide ale inimii, opresiune toracică, senzație de sufocare în piept, palpitații ale inimii, dificultăți de respirație, Apatie a spiritului esenței, insomnie, vise abundente, o limbă întunecată, palidă, cu blană albă și un puls fin, slab, posibil legat sau intermitent regulat.

NOTĂ: Acest model este o combinație de vid dublu inimă-splină și stagnare qi și staza de sânge.

Analiza simptomelor:

Dacă cele șapte afectează daunele interne, qi-ul inimii poate deveni insuficient. Astfel, agitarea vaselor de către inimă (adică promovarea fluxului sanguin) poate fi lipsită de putere. Acest lucru duce la palpitații ale inimii, dificultăți de respirație și apatie, a spiritului esențial. Dacă qi-ul inimii este vid și insuficient, atunci respirația poate deveni rapidă și grăbită. De asemenea, pot exista plânsete și suspine. Dacă qi-ul inimii și sângele inimii sunt goale și insuficiente, atunci spiritul inimii va fi lipsit de hrană. Prin urmare, statul jos este neliniștit și există tensiune, frică și teamă. Dacă qi-ul inimii este insuficient, atunci yang-ul toracic va fi, de asemenea, devitalizat, iar vasele inimii vor fi blocate și obstrucționate. Astfel, se poate vedea opresiunea toracică sau un sentiment sufocant în piept. Limba întunecată cu blană albă și impulsurile fine, slabe sau legate, intermitente reglate sunt toate semne ale vidului qi cardiac amestecat cu blocarea și obstrucționarea statică a sângelui.

Principii de tratament:

Stimulați qi-ul și hrăniți inima, accelerați sângele și eliberați fluxul vaselor

Formula și medicamente:

Tian Wang Bu Xin Dan (Împăratul Ceresc suplimentează inima Elixir) Radix rehmanniae nefierte (Sheng Di), 30g, Fructus schisandrae chinensis (Wu Wei Zi), 10g, Radix angelicae sinensis (Dang Gui), 15g, tubercul Asparagi Cochinensis (Tzan men dong), 15g, Tuber Ophiopogonis japonici (Mai Dong), 15g, Semen biotae orientalis (Bai Zi Ren), 15g, Semen Zizyphi Spinosae (Suan Zao Ren), 15g, Radix Panacis Ginseng (Ren Shen), 10g (decocted first), Radix Scrophulariae Ningpoensis (Xuan Shen), 10g, Sclerotium poriae cocos (Fu Ung), 10g, Radix Salviae Miltiorrhizae (Dan Shen), 10g, Radix Platycodi Grandiflori Uie Geng), 10g Decoct in apa si se administreaza oral in doua doze divizate, Dimineața și seara, un JI pe zi.

Analiza formulei:

În cadrul acestei formule, rehmannia, scrophularia, sparanghelul și ophiopogon nefierte îmbogățesc yin-ul și hrănesc sângele, hrănesc inima și liniștesc spiritul. Ginseng și poria stimulează qi-ul inimii și liniștesc spiritul inimii. Biota și polygala calmează inima și liniștesc spiritul. Salvia și Dang Gui completează sângele și hrănesc inima în același timp în care accelerează sângele și eliberează fluxul vaselor. Aciditatea lui schisandra și zizyphus spinosa împiedică qi-ul inimii să plutească și să se agite, fiind uzat și amestecând. Ei sunt, de asemenea, capabili să liniștească spiritul. Platycodon ghidează celelalte medicamente către partea superioară a corpului și locul bolii. Când toate aceste medicamente sunt folosite împreună, ele stimulează qi-ul și hrănesc sângele, hrănesc inima și liniștesc spiritul, accelerează sângele și eliberează fluxul vaselor.
(Flaws și lac, 2001, p. 368-9)

Această lucrare va analiza acum mania în lucrarea Flaws and Lake (2001, p.95-105). Ei introduc retragerea și mania, apoi prezintă nosologia (clasificarea bolilor medicale occidentale), apoi se oferă diagnosticul diferențial, urmat de tratamentul bazat pe discriminarea modelului, în cadrul căruia se discută despre simptome, principii de tratament, formule și medicamente și prescripții de acupunctură. Aici vom prezenta un rezumat al discuției lor:

„Retragerea și mania, dian și kuang, sunt o pereche de condiții yin-yang care pot exista separat sau alternativ între cele două. Nosologie: Există asemănări fenomenologice aparente între anumite trăsături de bază ale diferitelor modele medicale chineze de retragere și manie și numeroase categorii psihiatrice sau medicale occidentale, cum ar fi depresia, mania, ... Cu toate acestea, este important să subliniem din nou că categoriile nosologice utilizate în medicina chineză nu corespund categoriilor medicale occidentale stabilite de tulburări psihiatrice sau medicale. Cauzele bolii chineze și mecanismele bolii: . . . În dinastia Yuan, Zhu Dan-xi a spus: Retragerea este clasificată ca yin, în timp ce mania este clasificată ca yang ... În cea mai mare parte este cauzată de legma care se leagă în inimă și piept. . . Tratamentul bazat pe discriminarea model: . . .

Manie :

***A.Depresia** hepatică transformă modelul focului*

***Principalele simptome:** tensiune emoțională, agitație, iritabilitate, furie ușoară, crize de furie explozivă, posibil violentă, piept, sân, coaste și distensie abdominală și durere, neregularitate menstruală și PMS la femei, un gust amar în gură, posibilă constipație, cefalee, limbă roșie, margini roșii ale limbii, sau margini umflate ale limbii cu o blană subțire,* *galbenă, eventual uşor uscată şi o coardă de arc, puls rapid. Principii de tratament: Calmează ficatul şi rezolvă depresia, stinge focul şi linişteşte spiritul.*

Formula şi medicamente:

Gentiana scurge decoctul vezicii biliare cu adaosuri şi scăderi. Acupunctura: Xing Jian (Liv 2), Xia Xi (GB 43), . . . "

Cele de mai sus au fost doar o acoperire parţială a ceea ce este oferit de Flaws and Lake. Atât Flaws, cât şi Lake şi Maciocia (1994) oferă mai multe istorii de caz sub fiecare model de boală.

O altă referinţă interesantă, deşi nu în mod specific despre bolile psihologice, este lucrarea unui renumit medic de medicină chineză din secolul al 20-lea De-Xin (1995). După ce a servit ca medic timp de 54 de ani, prin cercetări ample şi experimente clinice, inclusiv diverse teste de sânge, De-Xin (1995) a concluzionat că sângele static este mecanismul principal al senilităţii. În discuţia sa despre boala psihologică citim:

„Boala psihologică se referă la probleme în activităţile mentale cerebrale cauzate de factori nocivi în interiorul şi în afara corpului. Manifestările sale clinice sunt activităţi mentale anormale în cunoaştere, sentiment, voinţă şi comportament. Acesta aparţine categoriei de manie şi retragere (dian kuang) în TCM. Anticii ştiau deja că apariţia sa este legată de sângele static. Nei Jing (clasicul interior) spune: "Sângele este qi-ul spiritului" şi "Vasele conţin spiritul". Aceasta explică, din punct de vedere fiziologic, relaţia dintre sânge şi spirit. Se afirmă în continuare: Când sângele este amestecat cu yin, în timp ce qi-ul este amestecat cu yang, atunci va apărea frica şi mania. şi. Dacă sângele are un surplus, va apărea furia. Dacă este insuficientă, aceasta duce la frică... Din punct de vedere al

fiziopatologiei, acest lucru sugerează că dezechilibrul dintre qi și sânge, yin și yang poate duce la boala spiritului de esență (adică psihologică) și de orientare emoțională. În Shan Han Lun (Tratat privind daunele cauzate de frig), există pasaje în care "căldura care se leagă în vezică", "căldura care intră în camera de sânge" și "se păstrează de sânge" sunt toate clar vorbite în ceea ce privește relația dintre manie și boala sângelui. Wang Qing-ren din dinastia Qing a avansat punctul de vedere că staza sângelui face imposibilă conectarea qi-ului cerebral cu viscerele și qi-ul intestinal, provocând astfel manie și retragere. Acest lucru a permis un progres în tratamentul bolilor psihologice în ultimii ani." (De-Xin, 1995, p.238)

În capitolul următor, această lucrare va contura concluziile care ar putea fi deduse, pe baza materialului prezentat până acum.

CAPITOLUL V

Concluzie

CEREREA de tratamente alternative la tratamentele medicale moderne este în continuă creștere într-un ritm foarte rapid. În același timp, există neînțelegeri și confuzii larg răspândite în rândul publicului și al profesioniștilor educați deopotrivă, cu privire la ce este sau nu medicina alternativă. Pe de o parte, nu există discernământ cu privire la ceea ce este medicina tradițională și, în general, medicina alternativă și medicina tradițională sunt considerate a fi una și aceeași. Sunt aceia pentru care orice rețetă veche sau tratament antic este o alternativă la medicina modernă, pur și simplu pentru că este străveche. De asemenea, sunt aceia pentru care orice lucru vechi sau antic este pur și simplu fals sau învechit. Evident, ar exista și alții care încearcă să evalueze lucrurile fără părtinire și pe propriile merite, dar acest grup este de obicei minoritar.

Această confuzie predominantă a dus la abuzul și denaturarea medicinei tradiționale de către oportuniști, care încearcă să obțină un câștig rapid prin afirmații inexacte sau false cu privire la tratamentele tradiționale. Un astfel de abuz a servit, la rândul său, oponenților medicinei tradiționale, ca dovadă a lipsei de validitate a oricărui și a tuturor tratamentelor tradiționale. Opoziția față de medicina tradițională, în prezent, este motivată mai degrabă de factori politici și/sau economici decât științifici.

Știința modernă pare să completeze un cerc, de la distrugerea științelor antice până la pretinderea a fi cel mai important reprezentant și corector al acesteia, până la nevoia în sfârșit de a reevalua și înțelege aceste științe antice, sperăm fără părtinire. Psihologia modernă a trecut printr-un ciclu similar; tendința în zilele noastre este de a trata tulburările psihice prin intermediul unor medicamente adecvate unui simptom sau sindrom patologic, ceea ce este cu adevărat psihiatrie.

Aceeași abordare folosită de cele mai proeminente școli tradiționale de medicină, cum ar fi medicina galenică, spagirică și tradițională chineză.

În încercarea de a pune capăt confuziei cu privire la ceea ce este medicina tradițională, această lucrare a propus un set de criterii care să fie utilizate în evaluarea unor astfel de școli antice de medicină și a tratamentelor acestora. Aplicarea acestor criterii a inclus cercetarea pretențiilor făcute de unele școli de psihologie modernă de a fi reprezentantul unei școli antice sau tradiționale de psihologie. Niciuna dintre aceste afirmații nu s-a dovedit a fi suficient de justificată.

Aceste criterii au fost aplicate în continuare medicinii spagirice și tradiționale chineze. După cum reiese din prezentările de mai sus, aceste două sisteme antice de medicină îndeplinesc toate criteriile stabilite la începutul capitolului despre medicina tradițională, în ceea ce privește filozofia lor, baza teoretică cuprinzătoare, diagnostice, tratamente și pregătire academică și clinică.

Destul de interesant, ceea ce Avicenna a bănuit a fi cauza maniei, și anume sângele corupt (vezi medicina spagirică de mai sus), este puternic susținut de cercetările lui De-Xin (1995), care utilizează teste de sânge moderne împreună cu diagnosticarea medicinii chineze tradiționale. Acesta este doar un exemplu al bogăției de informații și perspective practic importante din medicina tradițională care ar putea duce la descoperiri medicale în tratamentul tulburărilor psihice.

Acest studiu nu sugerează că toate tratamentele antice sunt corecte sau utile; cu toate acestea, o parte substanțială din tezaurul lor de diagnostice și tratamente s-ar putea dovedi utilă omului modern. Prin urmare, acest studiu face următoarele recomandări:

1. Este nevoie de traduceri extinse din sursele originale despre medicina tradițională. Cei care au primit o pregătire oficială și recunoscută în medicina tradițională și o practică trebuie să facă aceste traduceri;
2. Sprijin care urmează să fie oferit centrelor care oferă sau

intenționează să ofere educație formală în medicină și psihologie tradițională:

3. Practicienii medicinei tradiționale să fie bine vizibili și reprezentați în cadrul agențiilor de reglementare și de elaborare a politicilor care se ocupă de statutul medicinei tradiționale;
4. Centrele de cercetare care urmează să fie finanțate și stabilite de guvern sau de sectorul privat care investighează în primul rând tratamentele tradiționale. În cadrul acestor centre, cooperarea dintre practicienii tradiționali și oamenii de știință moderni este un factor necesar;
5. Criteriile propuse de acest studiu să fie folosite ca baze pentru

identificarea sistemelor fiabile și autentice de medicină și psihologie tradițională, pentru a preveni afirmațiile false și inexacte din partea medicinei tradiționale.

Referințe

Agoratus, Steven Anthony. (1994).Miezul progresismului: Instituții de cercetare și politică socială, 1907-1940. Teză de doctorat inedită, Universitatea Carnegie-Mellon.

Asociația Americană de Psihiatrie. (1994). Manual de diagnostic și statistică al tulburărilor mintale (ed. a IV-a). Washington, DC: Autor.

Avicena. (1991). Ghanoon Dar Tibb [Canonul medicinei]. Teheran, Iran: Soroosh.

Brett, George Sydney. (Ed.). (1963). Datoria noastră față de Grecia și Roma. New York: Editura Cooper Square.

Childs, K. (1997, sept.). Lobby-ul pentru droguri oferă reguli mai laxe pentru anunțurile TV. Editor & Publisher, The Fourth Estate, v.130, p.25.

Clark, G. A, & Wilermet, C. M. (1997). Probleme conceptuale în cercetarea originilor umane moderne. Hawthorn, New York: Aldine De Gruyter.

De-Xin, Yan. (1995). Aging & Blood Stasis: O nouă abordare TCM a Geriatriei (T. Guo-shun, & B. Flaws, Trans.). Boulder: Blue Poppy Press.

Dobzhansky, T. (1973, martie). Nimic în biologie nu are sens decât în lumina evoluției. Profesor american de biologie, vol.35

Dworkin, Norine. (2001, martie/apr.). Psihologia astăzi: ghid pentru sănătatea naturală. Psychology Today, v. 34(nr.2), p. 39-52.

Fetto, John. (2001, ianuarie). Nu mai vorbesc. American Demographics, v. 23(nr.1), p. 10-11.

Flaws, B. și Lake, James. (2001). Psihiatrie medicală chineză. Boulder: Blue Poppy Press.

Grandy, D. (2000). Lumina ca absolut în știință și religie. Journal of Interdisciplinary Studies, v.12(nr.1/2), 159-77.

Graziano, A., & Raulin, M. (1999). Metode de cercetare: Un proces de anchetă (ed. a IV-a). : Allyn & Bacon.

Haseltine, E. (2002, feb.). Cele mai mari 11 întrebări fără răspuns ale fizicii. Discover, vol.23(nr.2)

Henry, J. (1997). Revoluția științifică și Originile științei moderne. New York: St. Martin's Press.

Hitching, F. (1982). Gâtul girafei: Unde a greșit Darwin. Londra: Pan Books.

Jaroff, Leon. (2001, 30 apr.). Bărbatul căruia îi place să-i spargă pe șarlatani. Timpul, v. 157(nr.17), p. 61.

Judis, J. (1999, iulie/aug.). K Street Gore. American Prospect(nr.45), p.18-21.

Lamarine, Roland J. (2001, martie). Medicina alternativă: mai mult decât o opțiune inofensivă. The Journal of School Health, v. 71(no3), p. 114-116.

Largent, M. (2000). „Acestea sunt vremuri ale idealurilor științifice": Vernon Lyman Kellogg și activismul științific, 1890-1930. Dissertation Abstracts Online, DAI, 60(nr. 12A), 4580. (University Microfilms No. 0130)

Lipton, K, & Shalo, S. (2000, oct.). Psihologi clinicieni: următoarea piață fierbinte?. Pharmaceutical Executive, v.20(nr.10), p.114-16.

Lloyd, G. (1999). Magie, Rațiune și Experiență. Londra: Bristol Classical Press.

Maciocia, G. (1994). Practica medicinei chineze. Edinburgh: Churchill Livingstone.

Maleuvre, D. (2001, primăvară). Îl putem crede pe Darwin? Literatură comparată, v.53(nr.2), 117-30.

Mansoori, Ahmad. (1986). Misionarii americani în Iran, 1834-1934. Teză de doctorat inedită, Ball State University.

Marber, Scott. (2000, februarie). Să pună presiune pe medicina tradițională: terapia prin masaj, acupunctura și alte tratamente alternative își fac drumul către viitorul planului de sănătate. Asistență medicală gestionată, v. 10(nr.2), p. 35-6.

McGinn, Robert E. (1991). Știință, tehnologie și societate. Englewood Cliffs: Prentice Hall.

McGirr, Edward M. și Stoddart, William. (1991, februarie). Schimbarea teoriilor în medicina secolului al XVIII-lea. Scottish Medical Journal, v. 36(nr.1), p. 23-26.

Moran, L. (1993-1997). Evoluția este un fapt și o teorie [serial on-line]. Disponibil pe **www.talkorigins.org/faqs/evolution-fact.html**[1]

Mujeeb-ur-Rahman, M. (1990). Căutarea psihologică: de la Socrate la Freud (ed. a II-a). Toronto: Captus University Publications. (Lucrare originală publicată în 1987)

Murphy, Gardner. (1968). Gândirea psihologică de la Pitagora la Freud. New York: Harcourt, Brace & World.

Nasr, Seyyed Hossein. (1976). Știința islamică un studiu ilustrat. : Editura Festivalului World of Islam.

Novello, M. (1996). Influența lui Rousseau asupra istoriei și dezvoltării gândirii educaționale. Dissertation Abstract Online, DAI, 58(nr. 10A), 3862. (University Microfilms No. 1043)

O'Connor, D. (2001, iunie). Seducțiile lui Socrate. Primele lucruri, nr.114, 29-33. Peters, R. S. (Ed.). (1962). Istoria psihologiei lui Brett. Cambridge: The M.I.T Press.

Porter, Theodore M. (1998, vara). Crearea universității moderne (recenzie de carte). Istoricul, v. 60(no4), p. 871-2.

Reber, Arthur S. (1985). Dicționar de psihologie. Londra: Penguin Books.

Reeves, J. W. (1958). Corpul și mintea în gândirea occidentală. Harmondsworth, Middlesex: Penguin Books.

Reich-Hale, David. (1998, 26 octombrie). Medicina alternativă câștigă acceptare. National Underwriter (Life & Health/Financial Services), v. 102(No43), p. 68.

1. **http://www.talkorigins.org/faqs/evolution-fact.html**

Romano, M. (2001, apr.). Dilema etică. Ghidurile de etică ale medicului AMA și industria medicamentelor. Modern Healthcare, v.31(nr.14), p.4-5,14.

Romano, M. (2001, 18 iunie). Prescriptie pentru conflict. Modern Healthcare, v.31(nr.25), p.14.

Rumi, M. (Ed.). (1992). Mathnavi-e-Maa'navi . Teheran, Iran: Moasseseh Intesharat Negah.

Sinha, Duganand. (1986). Psihologie într-o țară din lumea a treia, experiența indiană. New Delhi: Sage Publications.

Spetner, L. M. (1997). Nu Din întâmplare. Brooklyn, New York: The Judaica Press.

Veith, I. (1972). Clasicul de Medicină Internă al Împăratului Galben. Berkeley: University of California Press.

Washburn, J. (2001, 13 august). Sub influență. American Prospect, v.12(nr.14), p.16-22.

Weiten, W. (2001). Psihologie: teme și variații. Belmon, CA: Wadsworth.

White, M. (2001). Limbi acide și vise liniștite. New York: Harper Colins.

Wolfoff, M. H. (1975).

Paleoantropolog, Morfologie și Paleoecologie. Haga: Moutan.

INDEX

www.ingramcontent.com/pod-product-compliance
Lightning Source LLC
LaVergne TN
LVHW040442051026
849517LV00002B/711
9798227364333